装备科技译著出版基金

数据驱动管理理论

——21 世纪管理咨询导论

Data Driven: An Introduction to
Management Consulting in the 21st Century

[美]杰里米·大卫·库鲁克苏(Jeremy David Curuksu)　著

李晓松　李增华　彭欣然　曾　昊
蒋玉娇　周　静　袁明星　苗萌萌　译

吕　彬　主审

国防工业出版社

·北京·

内 容 简 介

本书介绍了数据驱动下管理咨询决策机制、数据科学基本原理及管理活动中数据科学的应用，分析了大数据时代管理咨询面临的新形势、新问题，并在数据科学技术的基础上提出了管理决策工作的优化方法。本书研究方向探索性突出，作者研究功底扎实，行文深入浅出，具有良好的实践应用效果和理论指导意义，可为管理咨询决策理论研究人员和相关行业实践工作者提供借鉴参考。

著作权合同登记　图字：军－2020－036号

图书在版编目（CIP）数据

数据驱动管理理论：21世纪管理咨询导论/（美）
杰里米·大卫·库鲁克苏（Jeremy David Curuksu）著；
李晓松等译. —北京：国防工业出版社，2021.6

书名原文：Data Driven：An Introduction to
Management Consulting in the 21st Century

ISBN 978－7－118－12345－6

Ⅰ.①数… Ⅱ.①杰… ②李… Ⅲ.①企业管理—咨
询 Ⅳ.①F272

中国版本图书馆CIP数据核字（2021）第063350号

Data Driven：An Introduction to Management Consulting in the 21st Century edited by Jeremy David Curuksu，by
Springer-Verlag GmbH

Copyright © Springer-Verlag GmbH*，2018

This edition has been translated and published under licence from Springer-Verlag GmbH.

All Rights Reserved.

※

国防工业出版社 出版发行

（北京市海淀区紫竹院南路23号　邮政编码100048）
天津嘉恒印务有限公司印刷
新华书店经售

*

开本710×1000　1/16　印张11　字数192千字
2021年6月第1版第1次印刷　印数1—2000册　定价86.00元

（本书如有印装错误，我社负责调换）

国防书店：(010)88540777　　　书店传真：(010)88540776
发行业务：(010)88540717　　　发行传真：(010)88540762

本书原著于 2018 年 6 月首次出版,以数据驱动管理为目标,在借鉴大数据、人工智能等先进技术和方法的基础上,深入洞察数据在现代管理理论研究和实践应用中的特点规律和地位作用,分析得到了大数据背景下管理工作的新特点、新形势、新情况和新举措,设计了"用数据说话、用数据决策、用数据管理、用数据创新"的管理方式、机制和措施。

本书从大数据时代现代管理面临的形势任务为切入点,阐述了数据驱动管理的概念内涵和特点规律,介绍了管理咨询与决策活动的关键影响因素,深入探讨了客户—咨询师的互动关系,讨论了数据科学与管理咨询之间的接口和作用方式,提出了基于数据驱动的管理工具箱,详细分析了数据科学和管理战略研究等方面的入门和高级的理论与方法,并以典型管理实例为切入进行了数据驱动管理"点到点"的案例分析。

本书的重点内容包括基于数据的管理咨询决策机制、管理领域数据科学基本理论和技术,以及数据科学在管理领域的应用模式和方法。一是管理咨询决策机制。本书分析了适应大数据时代的管理咨询个性化流程、通用化流程、利益框架和定价框架,以及实施的具体步骤和主要内容。二是数据科学原理。重点介绍和分析了管理领域运用的数据科学理论、方法和技术,包括数学工具、概率工具和数据分析方法等初级理论,以及信号处理、聚类、计算机仿真预测、机器学习与人工智能等复杂理论、方法和技术。三是数据科学应用。重点介绍和分析数据科学理论在管理咨询战略中的应用,包括管理战略决策的数据分析与处理基础理论和模型方法,特别是在绩效管理、质量管理、人员管理、资源配置和协同创新等方面的具体应用模式和案例。

本书具有以下特点:一是研究方向探索性突出。在大数据背景下,管理决策正在从以组织流程为主的定性线性方式逐渐向以数据为中心的扁平化网络定量方式转变,呈现出多主体协调、跨组织整合、多流程渗透、信息高频交互等复杂性特点。本书以数据为驱动力,借鉴数据科学等先进技术与方法,研究管理咨询与决策的相关问题,是管理科学与数据科学交叉研究的前沿领域,探索性和创新性强。二是研究功底扎实。本书作者是生物信息学博士,在瑞士洛桑理工学院和美国麻省理工学院从事应用数学研究 6 年,在数据科学和管理咨询方面发表了学术论文 50 多篇,是知名的数据科学家、管理顾问和研究员,具有深厚的理论功底与丰富的实践经验。作者曾在战略公司 Innosight、IBM 首席分析办公室和亚马逊 Web Services 工作,现为亚马逊提供战略管理咨询服务,并致力于运用人工智能和数据科学等先进理论和技术解决管理科学的重大理论和技术问题。三是实践应用效果好。本书以案例为出发点和落脚点,深入浅出,通俗易懂,理论与实践结合非常紧密,是解决装备管理决策优化实践问题强有力的数据分析工具箱和方法库。四是理论指导性强。本书内容针对性强、精准翔实,既涵盖了管理咨询与决策的基础理论和应用理论等知识体系,又分析了数据科学的基础理论与应用技术,更详细介绍了管理领域运用数据科学理论和方法的途径和手段,具有很强的理论指导意义。

本译著共 9 章,由吕彬策划和统筹,具体分工如下:第 1 章管理咨询行业分析和第 2 章大数据在管理咨询领域的发展前景由彭欣然负责翻译,第 3 章咨询方法工具箱由袁明星负责翻译,第 4 章客户—咨询师间的互动由苗萌萌负责翻译,第 5 章咨询案例的结构由曾昊负责翻译,第 6 章数据科学的原理:入门由李增华负责翻译,第 7 章数据科学的原理:高阶由李晓松负责翻译,第 8 章管理咨询战略的原理:初级由蒋玉娇负责翻译,第 9 章管理咨询战略的原理:高阶由周静负责翻译。

由于译者水平有限,书中难免有翻译不当之处,敬请广大读者批评指正。

20 世纪初期，许多行业的决策者开始思考商业成败的原因，由此商业管理的科学方法开始出现。随后，弗雷德里克·泰勒提出了经典的科学管理理论。在此基础上，管理与战略决策科学蓬勃发展，衍化形成了自身的学科和子学科，且有了自成体系的理论和规则，逐步演化为商业经济学和博弈论。直到 21 世纪，当日益复杂的管理方法和技术逐渐渗透到各类企业中时，人们才注意到向企业提供建议和帮助的这一特定行业——管理咨询行业——更具颠覆性的发展趋势。

新信息技术的出现以及随之而来的信息经济学革命，为科学方法在管理咨询行业的应用带来了前所未有的契机。一直以来，管理咨询行业的本质是收集数据和分析数据，并根据分析结果提出针对性的对策建议。随着大数据时代到来，不仅可以收集到更多的数据，而且可以显著提高数据分析能力，许多 IT 公司也开始专注于数据收集和分析，使其不再是管理咨询的独有方法。换句话说，现在的数据分析已经从根本上不同于过去管理咨询行业的数据分析了（公认的第一家管理公司是创建于 1886 年的 Arthur D. Little 公司[3]）。

本书的第 2 章重点介绍了人工智能在管理咨询中可能的颠覆性应用前景，这也是本书的研究重点。不管管理咨询行业是否被颠覆，它都需要这方面的科学专家，这主要是因为管理咨询活动与运用计算机进行数据分析之间的界限越来越模糊。基于计算机的分析，拥有数百万个可用程序，确实需要一定程度的技术专长。另一方面的原因是，即使在以人力、资金和评价为基础的标准管理咨询模型中，对专业技术人才的需求也越来越多。大型管理咨询公司在人才招聘时，也改变了以往优先录用 MBA 的倾向，而转为 MBA 和非 MBA 兼顾聘用的模式——博士，科学家/专家，企业经理。管理咨询公司的这种转变，主要是为了更好地在复杂的新科技环境中与客户建立信任和沟通关系。一般情况下，向具备数据分析能力的学生传授商业知识，要比向具有商业管理能力的学生讲授数据分析知识更容易一些。因此，在某种程度上，科学家与企业管理者分析解决问题的不同思维方式，也促成了管理咨询公司人才招聘倾向的转变。

许多非 MBA 出身的科学家和专业人士，对商业知识不熟悉，但他们的科学思维模式却能对管理咨询产生很大的影响。因此,应该有一本管理咨询类书籍,为不具有商业知识基础的人教授管理咨询理论。本书的目标就是为科学家、企业管理者和其他专业人士,介绍先进的、完整的管理咨询理论。

因此,可通过本书快速掌握管理咨询的科学理论。米兰·库布尔所著的《管理咨询》是有史以来最好的管理咨询类书籍之一,但是该书内容繁琐,有 950 页,且写于 20 年前,因此,出版一本简洁、更具时代性的书籍显得十分重要。本书至少有四个目标:科学、现代、完整、简洁。它涵盖了从初级到高级的材料,整合了数据科学的工具,并讨论了信息技术在咨询活动中的新兴作用。本书是在查阅参考大量文献、书籍与调查报告,并结合了作者作为科学家和管理咨询师的丰富实践经验撰写而成的。2013 年至 2015 年,作者作为麻省理工学院咨询协会负责人,多次组织了跨公司研讨会和管理咨询讲座,本书的主要观点也在这些会议与讲座中得到了广泛认可。

本书建立了一个免费管理咨询资源平台,网址是 econsultingdata.com,也可通过麻省理工管理咨询俱乐部网站和其他合作网站进行访问。平台重新编排了书籍、文章、教程、报告和咨询活动,同时还包含了本书某些章节(如第 2 章行业前景、第 3 章工具箱)的原始案例。

阅读本书不需要特殊的技术背景,本书介绍了管理咨询的机制与关键影响因素,深入分析了客户与咨询师之间的关系,探讨了数据科学与管理咨询之间的界面和联系,并对数据科学与管理咨询战略进行了由浅入深的研究。本书用一整章内容对管理咨询行业的前景进行了展望。以前从未有人尝试过在一本书中涵盖如此广泛的主题,这并不奇怪,因为大数据(基于计算机的分析)仅仅在几年前才蓬勃发展。当今时代,大数据的应用已经遍布各个行业,一些文章已经开始讨论人工智能是如何颠覆咨询行业的。10 年前被认为是技术的东西现在则是常识,或者说应该是常识。

为了完整展现 21 世纪管理咨询的特点,本书最少需要用一章的内容介绍数据科学,学习该章内容不需要统计学知识背景。鉴于这一目标所带来的困难,本书将数据科学导论部分分为两节:入门与高阶。初学者在学习高阶章节时可能会觉得比较吃力,但希望能够坚持下去。为了使初学者更好地理解,本书运用通俗语言介绍每一个概念(包括 p - value 概念)。从这个意义上说,任何人都有机会了解数据科学背后的数学知识,从而了解 21 世纪管理咨询的基本原理。

本书充分展现了信息技术对管理咨询活动产生的影响。第 1 章,分析 2017 年初管理咨询行业的发展态势,阐述行业的价值主张、市场的划分方式、市场参与者以及成功因素。本书将信息技术对管理咨询的影响贯穿于整本书,其中有 3 章内容主要研究数据时代的管理咨询理论:第 2 章(管理咨询行业大数据发展前景)、第 6 章和第 7 章(数据科学的原理)。第 2 章通过情景分析描述了管理咨询中大数据的发展方向。第 3 章(管理咨询方法工具箱)介绍了管理咨询活动的基本类型,并提出利用计算机程序,进一步描述和强化传统的管理咨询活动,为每一类咨询活动提供一种简洁个性化的"配方"。

虽然与客户间的互动是管理咨询行业区别于其他管理活动的重要内容,但以往有关管理咨询的书籍中通常忽略了这方面内容。本书第 4 章将对管理咨询师与客户间的本质关系进行阐述,具体涉及咨询师与客户间互动关系的类型、互动关系的实质、顾客对咨询成功的认识,以及咨询项目实际成功与否的表征。本章最后还对顾客期望以及不同阶段互动内容的核心要点进行了总结。

第 5 章至第 9 章内容,介绍了如何利用数据工具、方法和理念开展询问、诊断到最终解决问题等管理咨询活动。为了使读者对管理咨询有更深层次的认识,以及更有效地在会谈中陈述问题,第 5 章(管理咨询案例)在第 4 章介绍的归纳推理过程的基础上,构建了客户与咨询师互动的基本框架。本书构建了个性案例框架和通用案例框架,并对如何选择这两种框架给出了直接的、明确的分析理论和方法。管理咨询工具和方法如此之多,咨询师如何选用合适的工具和方法也成为一个难题,而将管理咨询工具与方法进行分类定义也许仅仅是为了方便教学。成功的管理咨询战略通常包含着一整套方法,而这些方法之间往往存在着潜在的互动关系与复杂联系。第 8 章、第 9 章对管理咨询战略的概念、工具与方法进行了介绍。这两章对实践中的最佳战略进行了分类与概述,并重点分析了可作为战略执行路线图的关键挑战与计划。

请读者认真阅读和思考本书的案例、模型、工具与对策建议,为解决实践中的问题和困难提供帮助。虽然书中的理论可能不能为现实问题提供具体的解决方案,但却有助于培养读者创造性解决问题的能力。

目　录

第1章

管理咨询行业分析

本章我们将通过探讨不同领域管理咨询的总趋势和定义、成功因素、竞争格局和运营价值链，来研究管理咨询的价值主张。

1.1 定义和市场细分

在大致了解了价值主张和行业生命周期这两方面的定义之后，我们将按服务(1.1.3 节)、部门(1.1.4 节)、位置(1.1.5 节)三种不同的市场划分方式的顺序，从不同角度出发，探讨需求决定因素。

1.1.1 价值主张

管理咨询师在策略性、组织性、操作性框架下为机构提供建议和帮助[7-10]。这是 30 年前对管理咨询的一个精妙定义[11]，在今天看来依旧不过时。

"管理咨询是由受过专业训练，并具有相关资质的人员，以客观和独立的方式，协助企业找出组织管理中的问题，分析问题，并且在需要时帮助实施解决方案。"——Greiner 和 Metzger，1983。

为何企业愿为管理咨询服务掏钱？考虑到这种服务种类繁多，涉及企业管理的方方面面，从战略规划、财务管理和人力资源政策，到流程设计和实现……没人能给出确切的答复。管理咨询师一般被认为是"促变因素"[7]，他们的价值主张与客户的功能性和文化性(也称精神性)需求有关。关于咨询师和客户关系本质的问题将在第 4 章进行探讨，这一章将通过事实、数据和图表帮助我们从整体上了解这个行业[9]。

1.1.2 行业生命周期

2017 年，行业处于其生命周期的上升阶段，行业内公司数量有望在未来 5

年保持每年 3.4% 的增长率(达到约 100 万家),年收入增长 3.6%(达到 4240 亿美元)[9]。这得益于行业将其范围扩展到了金砖国家,特别是中国和印度。新兴经济体对管理咨询的需求增加,正在极大地推动该行业的发展,并有望继续发展。新兴经济体快速增长的市场需求有助于抵消全球衰退对发达经济体的影响。美国及欧洲的经济有望持续恢复。与大多数其他行业相比,全球经济衰退对管理咨询行业的影响是温和的。2009 年年收入下降了 2.4%,2010 年下降了 3.5%,此后开始逐渐回升。有趣的是,咨询行业受益于其服务对象对抗周期性影响的需求:在经济低迷时期确保基本需求水平,因为咨询可以帮助客户减轻损失;在经济繁荣或复苏时期,咨询可以帮助客户制定更积极的利润最大化战略。

当下咨询行业的生命周期有两个不得不提的趋势。一是企业合并在美国和欧洲日渐普遍。这刺激了行业咨询服务供应量的增加(通过大公司与专门化小公司的兼并和收购)。IBIS World 公司认为这反映了行业地方性市场饱和的现象[9],另一种假定认为,这还可能是对商业不确定性和波动性金融市场的暂时反应,这些市场正从近期经济衰退中缓慢复苏。二是咨询行业正在向涵盖范围更广的全方位服务组合发展,特别是,管理咨询和更偏重技术的 IT 咨询之间的差异越来越不明显[4,13]。这要归功于大数据现象,它为以计算机为基础的新商业模式的出现提供了可能性(第 2 章中将进一步阐述)。

1.1.3 按服务细分

1. 商业策略服务(占 40%)

大部分管理咨询公司,不管是全业务型还是专业型,都包含这一项服务。它包括确定组织的总体商业方向和目标,协助高层的决策制定,比如发展、革新、新风险投资、兼并收购、外包、资产剥离和定价(具体情况请参见第 8 章和第 9 章)。研究学者与企业,都为当下管理策略中广泛使用的工具和概念的成型做出了贡献[3],如纽约大学的 Peter Drucker[14]和波士顿咨询公司的 Bruce Henderson[15]。第 8 章将涵盖管理策略的基本概念和工具,第 9 章将探讨更深层次的概念。

2. 市场管理服务(占 15%)

在这一部分中,管理咨询师将帮助客户进行市场定位、产品定价、广告宣传、吸引新顾客、开拓市场、增强品牌意识。

一些简单的精准把握市场走向的营销架构,都源自于营销咨询项目[16],比如"4Ps":产品 Product(定位、适应性、差异性、生命周期),宣传 Promotion(广告、促销活动、直销或个体销售活动、公共关系),地点 Place(独家的、有选择的、大规模分销),价格 Price(基于成本、基于竞争、基于用户价值、弹性价格)。还有 5Cs (公司 Company、竞争者 Competitors、用户 Customers、合作者 Collaborators、环境 Climate)。第 8 章中将详细介绍这两种架构。

3. 运营和价值链管理服务(占 10%)

产品或服务从原始材料或信息到最终送达的这一连续过程被称为价值链[17]。哈佛大学教授 Clayton Christensen 在价值链的基础上进一步提出了价值网的概念[18],即一个组织的价值主张和商业模型,应适应于上至供应链、下至消费链的内嵌产销系统。这一价值网络的概念中还巧妙地植入了另一概念——即消费者通过购买产品或服务去完成的待办任务[19]。因此,价值链或价值网络管理咨询服务,与其他咨询服务的区别就没有那么明显了。取决于不同的情况,这部分咨询服务可能包含专门化策略的制定(如:缩减成本、差异化策略、集中化策略)、质量系统管理、库存管理、时序安排、仓库管理,甚至整个商业模型的重塑。

4. 金融管理服务(占 10%)

这一部分包括银行业务、保险业务和财富管理(证券承销、产权投资、资本结构、互惠基金等)的服务。这部分由来自外部的咨询师提供的服务,与金融管理本身渐行渐远,却与其他咨询服务的联系日渐紧密(如:策略制定咨询、运营咨询、营销咨询),因为大多数金融机构本身就已经将金融管理咨询服务内部化了。

尽管如此,外部咨询师要想向客户提供实际服务(如策略、运营、营销咨询),也需要了解一些基础的金融知识(如期权定价、证券投资组合理论)。在第 7 章第 3 节和第 8 章,我们将继续探讨一些金融领域的基本概念。

5. 人力资源管理服务(占 10%)

这一部分包括涵盖人力资源政策发展、流程设计、员工福利待遇和补偿制度等的咨询服务。至于财务部分的咨询服务,很多大规模的企业中自带这样的服务部门,或者将这部分外包给专注于人力资源管理系统服务的公司。

6. 其他服务(占 15%)

咨询师的角色具有灵活多变的本质。除了以上 5 种典型的划分方式,咨询服务还包括了很多种类繁多的项目,如:会计、政府工程或者技术发展。

某些面向最初问题的项目(即项目启动时就开始着手的问题),完成过程中还会涉及其他项目类别。例如,一个与创新相关的问题可能涉及许多潜在的解决方案,其中一些可能与市场营销有关,一些可能与新技术有关,而另一些可能与商业模式重新设计有关。根据市场环境、客户能力和其他因素,从类似问题开始的两个项目可能朝着完全不同的方向发展。

1.1.4　按部门细分

本节中我们选出了管理咨询业所服务的九大领域,详见表1.1—表1.9,这九大领域能代表现今社会上的绝大多数行业。我们将依次简要介绍这九大领域,包括其产品、销售渠道、客户群体、竞争对手、收益流、成本结构和市场总趋势。为方便查阅,这一节的所有信息可在本书的电子平台(econsultingdata.com)上以交互形式呈现。

1. 保健制药

表1.1　生物制药领域[20-23]

产品	生物制药产品包括专利药和非专利药,通过处方或非处方形式获取,用于治疗人类或动物疾病
销售	处方药:药房、医院或诊所、B2B 非处方药:零售店、药房、邮购、B2B
客户	卫生保健提供方,付款人(如高承诺组织「High Commitment Organization」)、保险公司)、病人、药房、医院、某些新兴市场国家的政府部门
竞争	产品质量(功效、安全性、便利性)、品牌和分销控制都是竞争力的重要基础; 非专利药品生产商会加剧价格竞争
关键趋势	1. 主要治疗领域包括:肿瘤、精神性或神经性疾病和心血管疾病; 2. 研发出高利润的轰动药品成为挑战; 3. 非专利药制造商加剧了价格竞争; 4. 政府和买方要求降价; 5. 监管部门审查标准提高(如审批通过率低); 6. 新兴市场对外包的需求明显增加; 7. 人口结构变化:老龄化人口增加
收益	影响收益的关键因素包括特定疗法领域的规模、医生处购入(同类最佳)、竞争激烈程度、非专利药的配方技术、关系网或宣传
成本	研发的高成本(包括发现、配方过程和临床试验)、批量生产的成本(规模经济)和市场营销(销售、宣传),这些都是进入市场的门槛

表1.2　护理中心和医院[24-26]

产品	住院患者和门诊患者的外科和非外科诊断、治疗和手术服务
分布	直接通过的人员(从业者、护士)
客户	有疾病的住院和门诊患者、付款人/保险公司
竞争	护理质量、服务广度和熟练劳动力是竞争的主要基础。专业护理中心的竞争日益激烈

（续）

主要趋势	1. 向门诊护理模式转变； 2. 从医疗费转移到基于价值(即基于结果)的支付模式； 3. 政府和支付方降低价格的压力； 4. 政府政策变化,例如美国的《负担得起的医疗法案》(奥巴马政府医改)； 5. 人口结构变化:老龄化人口增加
收入	一些关键驱动因素包括获得高技能劳动力、接近主要市场、声誉、最佳产能利用率以及了解政府政策
成本	主要成本包括工资、营销、购买医疗设备和药品供应

2. 金融服务

表 1.3 消费者银行业务领域[27-28]

产品	信用卡、客户贷款、存款服务、证券以及自营交易
销售	ATM 机、网络交易、分支机构或出纳员
客户	个人、高净值客户、没有金融服务的中小企业
竞争	大型国有企业和地区性银行
关键趋势	1. ATM 机和网络销售的增加； 2. 人口结构变化:老龄化人口增加； 3. 呼叫中心离岸外包业务和后台业务功能的增多； 4. 企业并购服务带来的初期增长
收益	费用、借贷利率
成本	借贷成本、经常性支出(分支机构、行政支出、审计支出)、员工工资、坏账

表 1.4 私募股权或投资银行部门[29-31]

产品	有价证券、风险资本、企业成长资本、夹层资本、杠杆收购、困境投资
销售	通过人员、与愚基金直接销售
客户	小型家族公司、大型企业、机构投资方
竞争	相互竞争的不同规模的私募股权投资公司
关键趋势	1. 投资决定在行动与否间摇摆； 2. 成交数量减少； 3. 交易会带来更大的现金流动量:客户大多是更大的公司
收益	投资回报率(/投资期),对金融(融资、资本结构)和运营(更高效、新的管理方式)杠杆有很强依赖性
成本	由于主要的成本来自于投资基金,因此可以说是机会成本

3. 保险

表 1.5　保险领域[32]

产品	涉及各类风险的保险责任(车祸、火灾、信用违约)
销售	通过销售人员或网上销售
客户	个人及各类商业组织
竞争	利基厂商和跨部门运营的大型企业
关键趋势	1. 通过更好更容易使用的网站销售; 2. 政府政策变化(如奥巴马政府医改)将对保险市场产生结构性影响
收益	保险费;收益很大程度上取决于风险管理和成本控制
成本	索赔费用、经常性支出(行政)、工资、销售佣金、市场营销成本

4. 媒体

表 1.6　媒体领域[33-34]

产品	视频/音频内容和平面媒体的生成与传播 消费者是传统商业模型中产品的一部分(广告收入模型,详见下)
销售	平面媒体:印刷版、网络版和移动版 电视及视频或音频:传统广播/有线电视,线上和移动平台 电影:影剧院、出租、线上和移动平台
客户	广告收入商业模式下:广告主 订阅收入商业模式下:消费者
竞争	广告和订阅商业模式下的竞争基础都是受众兴趣
关键趋势	1. 消费者是产品的一部分; 2. 网络助长了订阅模式的流行; 3. 数字化在阻碍媒体广告和订阅业务的同时也为其提供了机遇
收益	广告和/或订阅费用收入
成本	固定成本:工作室、印刷机、经常性支出、新技术支出 可变成本:市场营销、工资支出

5. 电信和信息技术

表 1.7　电信和信息技术领域[35-37]

产品	硬件(服务器、个人电脑、半导体、通信设备) 软件(算法、信息技术服务) 网络(搜索引擎、门户网站)

（续）

销售	直接运营商线上和线下销售 间接零售商线上和线下销售
客户	消费者、B2B、零售渠道和政府
竞争	跨国公司间的激烈竞争引致了一种共生的状态,也就是竞争者间的合作性生态系统
关键趋势	1. 并购行为巩固合作; 2. 行业共生(前文所提)加强服务一站化; 3. 云计算使企业信息技术服务外包更方便,增益行业发展; 4. 过去 20 年手机的渗透式增长将持续,到 2020 年预计覆盖全球 80% 的地区[38](译者注:2018 年预测数据)
收益	软件:许可证或维护模块或订阅模块的收入 网络:点击量收入、广告收入 电信或移动:广告、订阅、数据服务、应用商店收入
成本	固定成本:研发、设备、人员利用、经常性支出、基础设施成本 可变成本:市场营销、工资支出

6. 消费品

表 1.8　消费品领域[39]

产品	家用产品(如肥皂、快餐、食品、宠物用品等)
销售	零售商、批发商、直接电子邮件订单、线上销售
客户	个人消费者、各种规模的零售商、批发商
竞争	产品组合和品牌管理是竞争的基础 新产品与创意是成功的关键
关键趋势	1. 消费者生活方式和行为是需求的驱动力,如老龄化人口、在线广告、社会网络、经济下行、绿色消费; 2. 由内而外和由外及内的创新,使产品线不断延长; 3. 政府监管的影响越来越大
收益	低利润产品靠规模经济 高利润产品增加额外收入
成本	销货成本(如原材料、包装)、销售、市场营销、品牌管理

7. 制造业

表 1.9　制造业领域[40]

产品	材料及物质发生机械、物理或化学变化,成为新产品(如:纺织品、电子设备、化学制剂、机械装置、交通工具)
销售	零售商、批发商、B2B
客户	个人消费者、企业客户、政府
竞争	供应链管理、流程效率和分销是竞争的重要基础
关键趋势	1. 新技术、关联产业和新兴市场是需求驱动力; 2. 制造也具有高度的周期性; 3. 向世界低成本新兴地区增加外包
收益	低利润产品(如汽车)靠规模经济 高利润产品(如飞机)增加额外收入
成本	资本投入、原材料、人工成本、市场营销

8. 能源及公共事业

表 1.10　能源及公共事业领域[41-42]

产品	能源及公共事业产品的生产和供应(如油气田的勘探、开发及运作)
销售	B2B
客户	石化企业客户、天然气销售商、电厂
竞争	价格是关键竞争因素,但是由于能源市场的高度商品化和不稳定性,基于长期合同的销售网络控制对竞争极其重要
关键趋势	1. 不定时的供应缺口和规章框架带来收入的不稳定性; 2. 基于贸易的美元国际汇率增长,达到了 2016 年美国石油消耗的 50%; 3. 发达经济体占市场的大多数,但金砖四国推动了增长; 4. 通过并购实现高度整合; 5. 其他选择(电能、煤)增加了竞争激烈程度
收益	利润主要来源是长期销售合同、油田勘探能力和遵循规章框架的能力
成本	原材料、设备、市场营销、研发成本

9. 航空

表 1.11　航空领域[43-44]

产品	货运及旅客个人航空运输服务
销售	通过电话、网络直接销售，及场外交易、旅行社销售
客户	企业客户、小企业、个人、旅行社或网站
竞争	价格是竞争的主要基础
关键趋势	1. 通过并购实现高度整合； 2. 来自低成本承运商的价格竞争日益加剧
收益	计重运费、旅客机票、行李运费、餐饮费用
成本	固定成本：飞机、登机口、人工、信息技术和行政费用 可变成本：燃油费、小时工工资、餐饮费用

10. 其他

特定领域的需求可能很大程度上会受到一些如公司总体利润、商业信心、政府投资决策和全球经济圈等因素的影响。由于新产品、新技术或政府政策的引入，它也可能发生重大变化。虽然上述清单并不详尽，但所述的许多趋势和模型可作为遗漏部门或附属部门的潜在指南。另外，它们也可以抛砖引玉，为具有更大潜力的新部门的出现做铺垫。

政府本身是一个重要的部门，但 IBIS World 公司[9]的报告称，政府在咨询服务方面的支出正日益成为一个有争议的政治问题，原因是缺乏对从这些服务中获得利益的切实评估。例如在美国，联邦政府和州政府处理高度严格的预算，并寻求选民可以立即从中受益的高影响结果。但是，对短期策略的需求往往不符合管理顾问经过培训能够提供的基于策略的长期利益。

1.1.5　按地理位置细分

全球的管理行业集中在北美和欧洲，但是预计未来 5 年内金砖国家将成为行业增长的驱动力[9]。与关键部门（如生物制药、金融部门）地理上的接近度、高技术水平的劳动力的获得和亲临现场为客户提供咨询服务的能力，都是成功的管理咨询团队所应具备的重要因素。不出意料，这些因素正是全球扩张的本质驱动力。比如，中国和印度的迅速崛起，就与其以迅速扩张的基于第三方服务的商业文化有关。

1. 北美市场(占 50%)

北美一直以来都是管理咨询业的最大市场,历史上大多数大型公司都能在此崭露头角[3],比如里特咨询公司 Arthur D. Little、麦肯锡咨询公司 McKinsey & Co、波士顿咨询公司 The Boston Consulting Group、贝恩咨询公司 Bain & Co。像德勤 Deloitte 和普华永道 PwC 这样的会计审计公司越来越重新关注管理咨询服务,现如今美国的业务占据了他们绝大部分的收入[10]。行业主要集中在纽约州、加利福尼亚州、马塞诸塞州和宾夕法尼亚州。

2. 欧洲市场(占 30%)

在过去 20 年中,欧盟的稳固建立促进了相互联系,这种高水平的行业联系促进了企业跨越国界的发展,并且对管理咨询服务的需求显著增加做出了极大贡献。由文化不同而引致与美国模型的差异是显而易见的。比如在欧洲,很多公司的新雇员是 MBA 或接受过专业训练,而在美国,麦肯锡或波士顿等咨询公司 1/3 的雇员都有理科博士学位[45]。

行业主要集中在大城市,如伦敦、巴黎、柏林和苏黎世。主权债务危机阻碍了整个欧洲的经济发展,主要的原因是商业信心低下和某些国家(如希腊、爱尔兰、西班牙和葡萄牙)需求的不稳定。

3. 中国和印度市场(占 10%)

印度和中国的经济增长向更加服务型文化的演变,促进了当地企业的指数式扩张,以及许多全球性公司在这些地区的出现。因此,这些地区对管理咨询和个人服务的需求急剧增加。到目前为止,中国无疑是领先的,但是印度不一样的政治环境提供了独特的机会,比如外包和离岸外包在印度就比在中国更受欢迎。关于创新的大量研究[18,46-47]强调了重视新兴市场的特殊需求并为这些工作量身定制创新的商业模式的重要性,而不是基于这样一个假设设计一个模式,即因为它在世界其他地区非常成功,所以也应该这样做。有了合适的定制化模式,谁知道一个拥有数十亿消费者的目标市场不断增长的公司会取得多大的成功?

4. 其他市场(占 10%)

南美、俄罗斯和中亚等其他地区也在迅速增长。就印度和中国而言,这些地区对管理咨询和专人提供服务的需求急剧增加。像巴西、墨西哥、秘鲁和智利这些新兴经济体,由于其出口模式的独特性,它们的命运与美国经济状况紧紧联系在一起,需求也在日益增长。

最后,南非和中东增速相对缓慢,学者专家往往将其归咎于糟糕的政治环境和国家内乱。这些地区对于管理咨询和专人提供服务的需求是与这些因素紧密相关的。

1.2　成功要素[①]

1. 员工生产效率是企业绩效的核心

员工的素质决定着管理咨询产品的质量,同时,员工薪资支出占据了公司总支出的 60%。咨询行业的公司管理人员非常擅于与员工一起推进生产力和质量控制系统创新,这些创新往往来自管理者和员工之间频繁的相互反馈、团建练习、内部工具和跨项目学习。团队成员之间的高效关系对于咨询公司的成功至关重要。

2. 高素质人才的引入十分重要

不得不再次提到,产品即咨询师本身。管理咨询是基于知识的技术密集型服务,需要具有分析和协作能力的高层次人才,这也是为什么管理咨询公司选择在世界范围内的一流大学招聘。

3. 聚焦服务和公司形象是竞争的基础

从客户的角度来说,很难确定签约的咨询师是否是能解决他/她问题的最适合人选,“客户无法提前预知其购买的产品是否有效”[48]。因此,为保持竞争力,咨询公司需要提前制定差异化或低价策略。差异性主要参考过去完成的项目、品牌名以及对某一服务(如策略制定)或领域(如医疗保健)的重点关注。

4. 长期的客户关系是持续增长的关键

想要有效地推销咨询服务并积攒声誉,就必须不断重复某些任务。维护客户关系总比发掘新客户来得更容易(见第 4 章)。有效的内部流程是关键。咨询公司中所谓的合作人(和/或负责人)是建立和维护客户关系的代理人,使潜在客户相信他们会按时按预算交付高品质服务。

5. 中小企业可通过找准市场定位获得成功

对于许多其他与咨询不相关的行业,经济规模可能决定产品系列的覆盖范围。在管理咨询行业,新企业只有在明确的目标市场中准确定位,才会建立最有效的业务。很多咨询公司就是因为准确定位于特定领域(如制药、金融、航空航天)或服务(如设计、创新、市场营销)而取得了成功。

1.3　竞争格局

1.3.1　竞争的基础

管理咨询行业的竞争,很大程度上是以知识、技术、专长为基础的差异化竞

---

① 从 2016 IBIS World 公司的全球管理咨询报告中提取。

争[9]。客户满意度和声誉是行业的基本竞争优势,老客户的推荐是新客户增长的关键驱动力。

价格竞争则是经济下行时期的重要方法,一般来说被自由职业者和为客户提供强针对性服务(如技术咨询、人力资源、审计和国际法等咨询服务)的组织等最小参与者所采用。

对于本土文化和商业惯例的认识是经常被忽略的竞争要素[46],比如发达国家和发展中国家的企业创新机会就有不同的特点,需要不同的商业模式和产品[18,46]。这一点对于今天的咨询行业尤其重要,因为咨询行业的增长有望主要来自向金砖四国市场的扩张。全球咨询公司越来越多地在发展中国家特别是亚洲国家部署办事处。

管理咨询所提供的服务范围在不断扩大,提供的建议越来越多地得到实施,基于 IT 的服务一体化也越来越多,这是明显的趋势[4]。这些扩展可通过开发新的内部功能(如麦肯锡解决方案分析平台)或与专业公司建立战略联盟来实现。

1.3.2　新信息技术的兴起

基于计算机的信息技术与管理、生产、物流的联系越来越紧密[2,49],对管理咨询公司来说,这既是创新机遇也是挑战。下一章讲到的情景规划分析,将会从机遇与挑战两个角度,阐明管理咨询中新信息技术的前景,并大致描绘出未来情形。

一些案例展现了以主观评判为基础的咨询服务逐渐被计算机取代的变化趋向。很多最近出现在大数据分析技术领域的初创公司,唯一的任务就是帮助企业改进业务,很多大型全球服务型公司也以此为借鉴重新审视自己的产品系列。IBM 通过创建"全球业务服务"分部转向管理咨询;博思·艾伦·汉密尔顿(Booz·Allen·Hamilton)控股公司通过建立"NextGen 分析"部门向数据分析进军;麦肯锡的"解决方案"分部和波士顿咨询公司的"伽马"分部为客户提供量身定做的数据分析工具。

在有些领域,IT 技术咨询逐渐被视为管理咨询的一个可行替代者[4]。由于大数据提供了新的可能性,管理服务与更具技术性的 IT 服务间的差别越来越模糊。更多相关细节将在第 2 章中详述。

1.3.3　主要参与者

管理咨询行业被划分为分散的市场(缺乏集中性),2016 年排名前七的企业占全球收入的比例不足 15%[9]。对此有两种解释:一是行业所提供的服务涵盖范围广,二是行业仍处于起步阶段[9]。国际市场由于新兴经济体的崛起,预期未来几年会变得更加分散,而发达国家的行业整合将出现小幅度上升。

大体来看,咨询公司可以分为以下三种类型,国际巨头型(三巨头或四巨头,最近加入了 IBM 等大型信息技术服务公司)、专家型(拥有某项尖端技术的知识产权,并在行业内享有极高声誉)以及各种专注某一细分市场的初创型公司和自由职业者。其实人人都可以自称为咨询师,如果在领英(LinkedIn)有宽广的关系网,会发现很多求职者因为没有更好的头衔而给自己冠以咨询师的名号,而这会为管理咨询的竞争格局带来困扰。有鉴于此,请注意图 1.1 是正式注册的咨询公司情况。

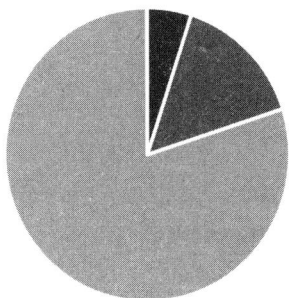

■ 策略通才型（麦肯锡、波士顿、贝恩）　　■ 多样化集团型（德勤、埃森哲、普华永道）
▨ 服务或行业专家型

图 1.1　2017 年通才型、集团型和专家型企业统计情况

1.4　运营和价值网络

这一节从价值网络①和管理咨询的关键活动的角度,简要介绍价值主张,有关活动将在第 3 章进行更加详细的讲解。值得指出的是,本节和第 3 章都没有深入一项任务的不同时间阶段,因为这更侧重于建立咨询师与客户的关系,而不是运营能力的提升。第 4 章将详细阐释咨询师与客户的关系,因此,任务的先后时间阶段将在第 4.4、4.5、4.6 节进行讨论。

订制化服务。管理咨询师提供明显的个性化服务,结果是客户永远无法提

----

① 价值网络的概念将在第 7.1 节详细阐述。

前了解他们所购买的产品。相反,他们只能寄希望于咨询师对其当前问题的专业和了解程度,并给出相应的解决办法。咨询师是问题解决者、促变因素[7],他们的价值主张反映了客户的功能性和文化性(又名精神性)需求(图1.2)。这也是客户付钱给他们的原因。

供给。咨询行业是劳动密集型的[8-12,49]。由于咨询师是公司最首要的资产,公司前期会在正规培训、指导、专业发展规划方面投入大量财力(图1.2)。他们也会购买大量信息技术产品,如数据库、档案室和内部网络,这些系统可以保存过去的任务报告,并能够建立基于知识的知识产权。

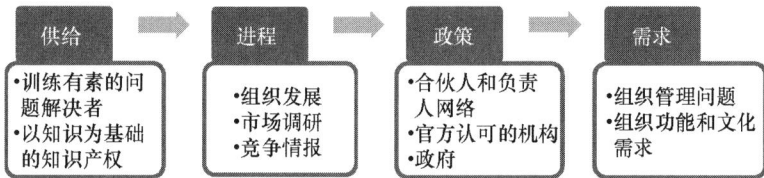

图 1.2　管理咨询价值网络

需求。需求取决于企业组织规模大小,新客户分为国内和国外两个客户网络。咨询公司中的所谓"合伙人"(和/或负责人),就是启动和维护关系的代理人。客户关系(在第4章中讨论)涉及与客户的高度个人互动,包括日常沟通和频繁的现场访问。

政策。除某些发展中国家政府经常干涉地方企业的决策制定外,管理咨询行业很少受到政府部门的监管[9]。在发达经济体中,管理咨询相关政策可能表现为管理咨询企业协会(AMCF)等官方认证机构的认可[50],但是通过自主品牌开发和由合伙人及负责人建立的个人网络来增强可信度是最常见和最有效的认可形式(图1.2)。私人关系网提供的可信度要高于正式认证的可信度。尽管如此,考虑到45%的咨询公司都是自由职业者或初创公司,拥有AMCF的运营许可证将为新生企业的业务开展产生巨大的推动。

进程。咨询活动可分为三种类型:组织发展(OD)、消费者或利益相关者市场调研(CMR)和竞争情报(CI)。最常见的活动列在表1.12中。第一种类型涉及客户组织内部问题,第二种类型涉及外部利益相关者,第三种类型则涉及市场参与者(可能代表竞争者、合作伙伴、收购对象)。这三种类型将用于划分第3章的活动,每种活动都有相应行动方案。当然这种划分方式纯粹是为了教学,因为任何活动都可以为了适应特定情况和客户的需要而调整。表1.12列举了20种关键的管理咨询活动,每一种都将在第3章进行详细阐述。

表 1.12　20 种关键的管理咨询活动

组织发展（OD）	消费者或利益相关者市场调研（CMR）	竞争情报（CI）
·头脑风暴	·文献研究	·供应链管理
·情景规划	·客户区分	·尽职调查
·策略规划	·问卷调查	·标杆管理
·创新	·焦点团体	·外包
·重新设计	·采访	·并购
·资源分配	·大数据分析	
·成本优化	·定价	
·精简		

第2章

大数据在管理咨询领域的发展前景

本章将探讨管理咨询的发展前景、与数据科学的交集,以及新信息技术将给管理咨询带来的颠覆性影响。第一部分从文献的角度提出了一些见解,第二部分带领读者在第一部分结论的基础上进行情景分析,从而预测管理咨询行业未来的发展状况。

2.1 管理咨询行业的总体展望

从前一章的管理咨询行业生命周期部分可以看出,未来几年影响行业发展最重要的因素是新兴经济体不断增长的需求。这些来自新兴经济体(特别是中国和印度,迄今为止,其发展速度已超过其他地区的发展中国家)的需求将成为行业的坚强支柱。但最近的趋势也突显出咨询服务产品系列中更具颠覆性的增长模式,特别是对辅助实施建议和集成基于 IT 的服务的需求明显增加。这些变化反映在组织内部能力的提升上(如波士顿咨询的"伽马"分部和麦肯锡的"解决方案"分部),以及与专业团队(如 IT 团队或金融团队)建立战略联盟关系等行为上。同时受此影响,相关行业的大公司,如德勤、普华永道、毕马威等会计事务所,以及 IBM、惠普、埃森哲等信息技术公司,都有望继续增加其咨询服务的规模。

最后,可以预见到的是,很多出现在政府项目中的问题会扩展到更广的客户群体中,那就是客户会对咨询服务失去耐心,并希望其提供更加快速可行的方案,最终产生更加成功的效果。客户越来越希望咨询师提出的建议能够立即付诸实施,并随着实施工作的增加,咨询服务费用却不需按比例增加,因此从整体上看咨询师的介入将带来更大价值。

本章中,我们将探讨影响管理咨询行业可能遇到的最大干扰因素。现在看来,以上所提到的所有趋势都将管理咨询行业推向更高效、更程序化、投资回报比(ROI)更高的发展方向,这是由信息经济学革命[2]和以计算机为基础的数据分析所带来的变化。但如哈佛大学教授 Clayton Christensen[4] 所说,自从第一家管理咨询公司创立以来(Arthur D. Little 1886[3]),价值主张就是建立在人力资本和基于判断的方案基础上的。现今这种商业模式正受到建立在计算机基础上的数据分析的挑战。这里将讨论基于计算机的数据分析在管理咨询行业中的应用前景。2.2 节详细介绍了文献中所提到的重要见解,2.3 节据此进行了情景分析,从而预测管理咨询行业未来的发展状况。

2.2　大数据在管理咨询领域的发展前景

管理咨询和更具技术性的 IT 咨询服务之间的区别越来越不明显,这是由于被称为大数据[2 - 3,13,52 - 55] 的现象和数据科学提供了新的商业机会。从历史上创新的几大驱动力看,其中一些提到了以技术为支撑的咨询模式的模块化带来的颠覆性影响[4,49]。不管这一影响是好还是坏,信息"爆炸"和大数据技术的机遇和挑战都将深刻影响管理咨询行业的发展。

文献指出,至少有五个因素可能有利于将大数据整合到管理咨询模型中,至少有三个因素可能会抑制大数据整合。下面我们将对每一种因素进行介绍。

2.2.1　管理咨询中整合大数据的利于因素

1. 大数据技术大幅提升了市场调研的速度和准确性

现今,有关销售、营销、客户关系、生产、物流等方面的新数据源源不断地产生[2,13,52 - 53,59],另外还有大量由网站、公共数据库、社交媒体产生的数据。虽然传统的咨询方法可能需要数周或数月的时间来研究内部工作流程、与客户面谈或与关键人物讨论,但现在人们可以通过浏览社交媒体、购买历史记录就能在数小时内描绘出精准的客户画像[53],这可能对咨询师和客户都有好处。

2. 技术辅助的咨询服务模式可提供模块化和标准化的服务,使服务更加可控、高效、低廉

从客户的角度来看,将大数据整合到管理咨询中最具吸引力的方面可能是有潜力解决咨询公司普遍面临的困境:由于缺乏明确的标准,传统的基于判断的干预难于控制且不能复现[4]。相比之下,数据科学项目则可标准化、可复现,从而具有更高的可控性[56]。

借助先进的分析技术,管理咨询服务也可以模块化[4]。这种模式就像软件包之于计算机行业——它能提供一组有明确定义和可重复的有限"子程序"。客户不必为集成的解决方案(包括客户可能不想要的功能)付费,还可以监督问

题的解决过程,防止咨询师做无用功,而且只与他们就特定分析模块(价值链中的特定环节)签订合同[4]。对于每一项干预,交付时间和成本仅占整个整合项目相关支出的一小部分。这将有效地将管理顾问的价值主张从按服务收费模式转变为更灵活的按产出付费模式。

这种商品化改变对管理咨询师是没有益处的。即使从客户的角度来说,考虑到要在"做无用功"和"以一适百"这两个极端之间取得平衡,客户是否会从这种颠覆性的创新中获益,以及在多大程度上获益,仍有待观察。

3. 大数据并没使传统咨询师销声匿迹,某些情况下仍需要他们发声

管理咨询师习惯于运用业务模型、职业敏锐性和归纳推理来证明其推测,现在大数据则让他们拥有了使用即时演绎推理法为其推测提供证据[52],这要归功于预测分析算法,它能在几秒内发现海量数据的规律。这些方法的结合为企业组织带来了不可否认的价值,但在许多情况下,管理咨询师经年累月积攒的业务流程、客户行为、对市场的深入了解是任何东西都无法完全替代的。

预测分析可以用于确定风险和机会,如未来经济新走向、交叉/向上促销目标和信用评级。但是管理咨询师拥有的直觉,如提什么问题、做出什么假设、形成什么决策,对计算机而言仍只在科幻中[60-61]。这就是为什么大数据不会使传统管理咨询师消失的原因。

4. 新进入者接受这一新技术,因为它降低了品牌成长成本

与全才型的大型咨询公司不同,小型咨询公司(即所谓的精品店)和新进入者必须专注于某一市场细分领域。但随着标准化的分析软件进入管理咨询师的工具箱,以品牌知名度在竞争中的影响力将越来越小[4]。而产品系列、技术能力、交货速度和方便程度等因素正成为更为相关的成功因素。

5. 新数据分析技术已在很多行业开始使用

大数据创新已经在多个行业开展[13,62-66],管理咨询行业也紧随其后。潜在客户基本都拥有公司内部数据分析团队或者寻求外包进行大数据分析,其作用有时会取代管理咨询[66-67]。比如有些公司为了进一步掌握市场表现和投资回报率间的关系,开发了大数据软件[68]。

很多初创公司和子公司的唯一使命是帮助公司客户运用大数据优化其业务[53,69]。这对管理咨询中分析师的角色构成了挑战。这类业务示例包括使用结构化数据分析(如:目标市场一周中低潮期有多久?)和使用非结构化数据分析(如:产品如何能激发正向情绪?)。表2.1举例说明了最近通过基于计算机的数据分析业务模式取得成功的新兴组织,他们帮助客户获得那些过去由管理咨询师提供的见解。

表 2.1　商业领域数据分析软件案例

数据种类	提供方举例
全科咨询	Narrative Science,OpenIDEO,BeyondCore,Rokk3rlabs
全科市场营销	Bluenose,Markertforce,Salesforce,Experian,Marketo,Genesys,Medallia
人力资源管理	Zapoint,VoloMetrix,Sociometric,Cornerstone,Salesforce
反欺诈	Feedzai,Fico,Datameer,Lavastorm
监视	ADT,Frontpoint,Lifeshield,Monitronics
驾驶	Zendrive,FlightCar,Progressive's PAYD,Metromile
健身	Discovery,Oscar,FitBit,Jawbone,Sleepcycle,Mealsnap
健康	Watson,Ginger. io,Sentrian,Aviva,AllLife,Kaiser Permanente,Flatiron
情感	Motista,Luminoso,Lexalytics,Xox,Watson

大型 IT 企业(如 IBM、埃森哲)有望成为整体服务提供者[57-58],这将对未把新技术融入其所提供服务的管理咨询公司构成威胁。IBM 在其"全球商业服务"和沃森认知系统(2015 年"沃森健康"项目的启动)中加大了投入,惠普公司研发了"商务服务管理"项目,埃森哲也在发展自己的管理咨询项目。根据标普资本的研究,IT 行业内的管理咨询业务将以 7% 的复合年增长率发展[58]。

管理咨询公司中正在发生与此类似的现象:他们修改自己的产品系列来帮助客户开发软件。麦肯锡开发了"解决方案"项目,博思·艾伦·汉密尔顿控股公司有其"NextGen 分析",波士顿咨询公司正在加紧扩展"伽马"项目。这些行动都对未能发展新能力的管理咨询公司构成了潜在威胁。

2.2.2　抑制管理咨询中大数据发展的因素

1. 在某些项目中,数据本质上无法从计算机技术中获益

管理咨询师往往从几次访谈、一些简单易懂的财务数据中就能看到问题的本质并提供解决方案,而这些数据并不是"大"数据,没有首先应用大数据技术[60-61,70]。

2. 传统的管理咨询是围绕领导决策展开的,同时它也涉及数据分析,但是它会优先处理体量小、质量高、易理解的数据

管理咨询师负责推动指导性决策的制定,这包括数据分析前、中、后期的所有步骤。他们负责提出有意义的问题、运用分析工具、探索数据、解释数据、建立行动方案并推动以上计划的实施。只要管理咨询师参与了高层决策的制定,他们就要遵循"二八定律",优先处理体量小、质量高、易理解的数据。因此,就算有大数据可用,只要有更快捷的途径,管理咨询师还是会可能推迟使用大数据。

未来十年内,可能会出现客户引导咨询师使用特定数据分析工具的情况。这种情形下,客户可能会接管现在管理咨询师所做的工作,这表明了现在管理咨询行业中所出现的模块化和商品化变革现象。相反,如果未来十年内,数据科学已成熟,但分析软件没有简化到能让客户自主操控的程度,那些将主观判断和数据分析融合的咨询服务(如麦肯锡解决方案和 IBM 全球商业服务)模式将会推动咨询行业的变革。不论如何,变化已经发生……

3. 使用高科技分析工具会分化传统市场调查,造成文化的不协调

世界大型全才型咨询公司会利用其声誉和影响力,与大客户签约处理他们管理层面、战略性的问题[71]。但与新入行的小型企业相反,大企业不会全面整合大数据,因为这会使他们的业务商品化,分散其商业专注度,削弱其品牌影响力。

2.3 未来如何:情景分析

本节中,我们将通过情景分析方法来探讨技术支持下咨询管理行业的未来情况。情景分析方法将在第 3 章(3.1 节)进行简要介绍,更多细节可以在参考文献[72,73]中找到。

1. 关键焦点问题

新的数据分析和人工智能技术将如何影响管理咨询的商业模式?

2. 驱动力

经过头脑风暴式的探讨,一些关键驱动力和环境因素被列在表 2.2 中。虽然没有列出所有因素,但可以作为进一步研究关键焦点问题的驱动力因素的"指南针"。这是 Garvin 和 Levesque 情景规划框架的标准步骤。

表 2.2　主要因素和环境驱动力(排名不分先后)

驱动力	确定度
1. 客户和最终消费者驱动	不确定
2 分析软件性能提升	已确定
3. 所需的技术水平	不确定
4. 大数据商业革命	不确定
5. 咨询业务模块化	不确定
6. 预算缩减	不确定
7. 对传统主观判断分析方式的怀疑	已确定

（续）

驱动力	确定度
8. 对商品化和自动化的怀疑	已确定
9. 麦肯锡"解决方案"平台的盈利能力	不确定
10. IBM"沃森"人工智能平台的未来情况	不确定
11. 特定市场服务提供方（如 Kaiser Permanente）的未来情况	不确定
12. 便携感应设备的未来情况	不确定
13. 规章制度（保密、反歧视）	不确定

注：这 13 项是由头脑风暴而得来的，因此不能概括所有。不过情景规划的目的就是要避免过于精细或简略，只是为判明关键焦点问题的影响因素提供指导。

3. 不确定因素和情景创设

表 2.2 中所列的驱动力因素可归结为两大变量：外部动力（来自客户或消费者）和合作伙伴的未来情况。

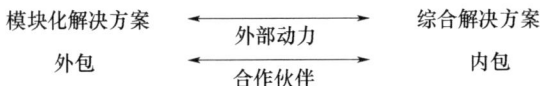

模块化解决方案　←——— 外部动力 ———→　综合解决方案
外包　　　　　　　　　合作伙伴　　　　　　　内包

可以构建一个 2×2 矩阵来表示四种可能的场景：

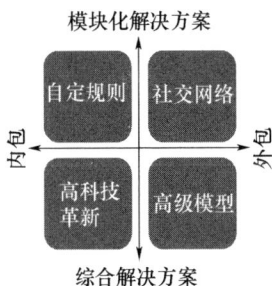

4. 描述和内涵

对于以上四种情形，我们将基于 2.2 节的结论和表 2.2 的驱动力来界定其特点和内涵。

"自定规则"

有关模块化解决方案的假想未来情况：

·预测技术和自动化已经发展到可以支持大多数决策的制定，而这些变化都是由大数据提供的。

·2010—2020 年发展起来的专向大数据分析提供商进入主流市场,开始取代全才型企业如 IBM 和惠普等巨头的领先地位。

·大数据革命中开始兴起的基于技术的管理咨询公司瓦解了曾涵盖所有用户需求的传统商业模式。

有关内包的假想未来情况:

·客户将大数据分析能力内化,并倾向于根据其提供的 IT 和分析能力菜单与咨询师签订合同。客户将导航大数据分析领域所需的专业知识内化,并倾向于根据其 IT 选项单和分析能力与顾问签订合同。

·咨询师努力做到保持其高端战略咨询地位,同时成为出色的商业数据分析专家,这将为他们带来可观的利润空间。

"社交网络"

有关模块化解决方案的假想未来情况:

·预测技术和自动化已经发展到可以支持大多数决策的制定,而这些变化都是由大数据提供的。

·2010—2020 年发展起来的大数据分析提供商进入主流市场,开始取代全才型企业如 IBM 和惠普等巨头的领先地位。

·大数据革命中开始兴起的基于技术的管理咨询公司瓦解了曾涵盖所有用户需求的传统商业模式。

有关外包的假想未来情况:

·咨询师努力做到保持其高端战略参谋的地位,他们被视为 IT 服务提供方和企业间的桥梁,客户将更看重他们的社交和交流能力,而不是解决问题的专业素养。

·客户对于大数据分析的掌控程度越来越高了,这威胁着整个管理咨询行业,这些客户将之前用于管理咨询公司的预算投资于特定的 IT 分析项目,再自行融入自己的战略观点,从而用最低的成本干最多的事。

"高科技革新"

关于综合解决方案的假想未来情况:

·客户未能将大数据分析能力内化。

·客户继续依赖管理咨询师为其提供决策建议,因为其直截了当且数据分析简单易懂。

·尽管大数据提供了新的可能性,但客户还会受到政府部门约束,政府行为以消费者的最佳利益为宗旨,并反对带有强迫性质的策略。利用个人行为和便携式传感器的商业模式发展受到限制。

有关内包的假想未来：

·以技术为支撑的新型管理咨询活动,在大数据时代下一定程度上瓦解了传统咨询活动,比如问卷调查和焦点小组、供应链管理甚至文献研究,但是大数据的发展潜力也预示着利润空间的增加。

"高端模型"或永远的管理者

关于综合解决方案的假想未来：

·客户未能将大数据分析能力内化。

·客户继续依赖管理咨询师为其提供决策建议,因其直截了当且数据分析简单易懂。

·尽管大数据提供了新的可能性,但客户受到政府部门的约束,政府行为以消费者的最佳利益为宗旨,并反对带有强迫性质的策略。利用个人行为和便携式传感器的商业模式发展受到限制。

有关外包的假想未来：

·在 2010—2020 年大数据变革时代,大数据分析的市场极其碎片化,为客户在数据分析领域提供咨询服务,丰富了管理咨询服务的产品组合。

·管理咨询公司比以往更加注重核心竞争力。他们采用基于综合性解决方案的传统业务模型,这些综合性解决方案涵盖客户问题的所有方面,包括执行决策,并基本依靠外包进行大多数数据分析。

·大数据革新瓦解了一些传统咨询业务,比如问卷调查和焦点小组、供应链管理甚至文献研究。

·行业未来是不确定的。分析师的角色已经过时,而管理咨询师的数量也在减少,原因是很多业务都被外包了。专家学者开始成为管理咨询公司的最大对手,因为他们将灵活的专业知识与技术专长结合起来了。

5. 早期警告信号

为了让管理层早点意识到危险,我们提出了一系列警告信号,比如麦肯锡"解决方案"平台的失败与否预示着管理咨询行业在 2020 年之前是否要将 IT 服务外包出去(译者注:基于 2018 年数据)。

● 麦肯锡"解决方案"平台的失败与否

● 在大数据分析市场领域,具有针对性的小企业比全才型的大企业更吃香

● 大公司客户公开承认对于如何利用大数据确定战略顺序的认识发生转变

● 新的政府部门出台旨在改变数据使用或传播方式以保护消费者免受歧视的法律法规

6. 结语

本章中所提到的四种情形,利用文献回顾(2.2 节)结合情景预测分析(本节),代表了管理咨询行业的另一替代结果。但是新的信息技术将如何最终影响管理咨询行业的商业模型,似乎并不是这四种情形中的任意一种,而是四者的结合,同时也会包含未能预见的因素。

最后,有人肯定会认为最终结果会与这四种情形中的某些元素有关,甚至可能偏向其中某一种。

希望这简短的分析能帮助大家大致界定未来发展的范围。欢迎管理咨询公司和客户公司的经理根据他们所认为在这些场景中最有前途/最有可能发生的事情制订行动计划,随时监控各类事件,注意警告信号,做好必要的改变准备。因为这是所有情景预测分析师,包括管理咨询师应做的。要求面对现实脚踏实地,不骄不躁,为可能的未来做打算。

第3章

咨询方法工具箱

本章介绍了一些咨询活动的方法论。建议读者使用第 5 章中介绍的理论和总体框架对从这些方法示例中得到的见解补充理解。事实上,如果本章是关于咨询师做什么的,那么第 5 章就是关于咨询师如何决定在给定的案例、团队、客户和环境中使用哪些方法的。

如前所述,本章不会深入研究某一任务的不同阶段,因为这更多的是与建立客户—咨询师关系有关,而无关于发展业务能力。客户—咨询师关系是第 4 章的重点,因此,某一任务的先后阶段分析将在第 4 章(第 4.4、第 4.5 和第 4.6 节)中讨论。

最后,本章介绍的只是其中一部分方法。咨询师可能会在这里找到一组建议,这是行动计划的基础。咨询活动可分为三类:组织发展(第 3.1 节)、消费者市场研究(第 3.2 节)和竞争情报(第 3.3 节)。第一类是关于客户组织内部的问题,第二类是关于外部利益相关者的问题,第三类是关于市场参与者(他们可能代表竞争对手、合作伙伴或收购对象)的问题。定义这三个类别对组织讨论是有用的,但其优点纯粹是教学性的,因为任何活动都可以根据特定情况的需要进行调整。还有更多方法可用,每个方法都有本章没有考虑到的使用场景。但出于介绍的目的,读者将在本章中看到 20 个面向行动的方法。这些方法可以在 econsultingdata.com 网站上获取。

3.1　组织发展

3.1.1　战略规划

战略规划的一个定义是确定一个组织的目标以及实现这些目标所需的一整套行动和资源。战略规划是协助执行经理进行资源分配和决策的过程[74]。

方法 #1

（1）明确客户的使命、愿景和价值观。

（2）识别和评估客户当前的目标消费者细分市场的潜力。

（3）从客户的角度探究威胁和机会。

（4）标定竞争对手。

（5）为每个细分市场定义客户相对于竞争对手的优势和劣势。

（6）开发一个能够提供竞争分化或成本优势的商业模型。

（7）明确将建议模型与客户的使命、愿景和价值观相关联的里程碑节点和目标。

（8）描述一组计划、组织结构、政策、信息共享系统、控制系统、培训系统，以实现所建议的模型。

（9）识别、评估和提出替代模型（参见 3.1.4 节中的场景规划）。

3.1.2 创新

开发创新的产品、服务或业务模型需要制定战略，并将其与客户的能力进行匹配。创新可以来自内部任务工作组，在该工作组中，咨询师可以协助启动或改进促进创新思想开放流通的内部流程。也可以通过战略联盟或（更少见的[47]）兼并收购从外部参与者（由外向内的创新）中引入创新。在这种情况下，咨询师更有可能从事市场研究和全力开展调查活动。

利用一级和二级市场研究活动，并密切注意预警信号，可以尝试发现创新机会。专注于增长和创新的研究人员[18-19,46,75-76]建议越过客户的"所说"，直接观察他们的"所做"。观察他们的消费者决策过程可以发现修正措施、解决办法，并找出现有解决方案的不足之处。这些差异是创新机会的标志。

例如，待办事项[18,19,46,47,75]、蓝海[77]和颠覆性创新[18]等概念，为从非消费者中发现机遇提供了出色的框架。针对那些面临完成工作障碍的非消费者，现有参与者的竞争反应被最小化了，因为创新是对新市场需求的反应，新市场不符合任何现有公司对目标市场的定义。

颠覆性创新创造了新的市场，但也通过简单性、便利性、可负担性或可获得性改变了现有市场，满足盲目的消费者的需求[18-19,46-47,75]。创新并不一定需要新产品：创新的商业模式（公司如何创造、获取和交付价值[76]）可能会像任何新技术一样严重扰乱市场。只需要看看优步（Uber）、网飞（Netflix）、谷歌（Google）和亚马逊（Amazon）等公司，就可以了解利用现有技术的商业模式创新如何重塑整个行业的动态。

方法　#2

（1）协调高管和中层管理人员举办头脑风暴会议，以获取创新想法。或者，咨询师可以直接从他们那里收集建议。但是，管理者应该在不受组织自身的财务和运营限制的情况下轻松地讨论想法，因为他们最接近于日常的业务增值活动。

（2）利用尽职调查活动，通过由外向内的方式从业内或邻近行业的其他参与者那里收集潜在的创新想法。

（3）确定每一个建议代表的是渐进式创新还是颠覆性创新。

（4）对于渐进式创新，根据最高回报、最低风险以及与当前核心能力的最佳匹配/协同，确定最有潜力的项目。

（5）对于颠覆性创新，分析替代假设下的成本和收益（参见 3.1.4 节中的场景规划），通过强调颠覆性创新的威胁来获得高层承诺，并创建一个自治的子公司组织来管理新的业务计划。重要的是，子公司组织必须将创新作为最大增长机会（而不是威胁）。

（6）开发内部信息系统、激发团队活力，使未来客户能够从高管、中层管理人员和员工获取见解。

（7）制定外部流程，以促进未来的由外向内式的创新，例如旨在建立创新伙伴和与创新伙伴联盟声誉的举措。

3.1.3　重新设计

重新设计（又称过程创新）是由麻省理工学院（MIT）教授迈克尔·哈默（Michael Hammer）在 20 世纪 90 年代初率先提出的[78]，并得到了彼得·德鲁克（Peter Drucker）等知名管理人士的支持[79]。与"精益与六西格玛"（Lean and 6 - Sigma）等流行方法并行[80]，目标是更有效地和（或）以更低成本满足客户需求，并淘汰非增值功能。与"精益与六西格玛"相比，重新设计强调的是发展跨职能团队和更好的数据传播能力[81]。它通常在分析之后对核心业务流程进行彻底的重新设计[82]，以实现生产率的显著提高①。

方法　#3

（1）明确客户的重点需求，以及客户组织如何满足这一需求。

（2）重新考虑客户组织及其人员问题。

---

①　参考文献［82］中，与 TQM（全面质量管理）中隐含的更多的渐进性变化水平相比，重新设计中隐含的根本性变化水平与之形成了鲜明的对比。

（3）使用信息技术重新设计工作流程。

（4）重新将工作流程与具有端到端职责的跨功能"敏捷"团队相结合。

3.1.4 场景规划

场景规划[72-73]帮助组织处理意外情况,同时将精力集中在未来最有可能发生的情况上。咨询师和管理人员就"如果那么"的假设环境进行头脑风暴,并为每种选择制定适当的行动方案。有关详细示例,请参见第 2 章(第 2.3 节),其中的方法被用于描述新信息技术最终将如何颠覆管理咨询行业。

方法 #4

（1）定义关键问题和挑战,以明确一个关键焦点问题。

（2）研究影响关键焦点问题的驱动力,区分可预先确定的驱动力和不确定的驱动力。

（3）从最不确定、最有影响力的驱动力入手,对不确定驱动力进行排序。

（4）推导出两个关键的不确定性,每个不确定性可能代表一个或多个驱动力。

（5）根据两个关键的不确定性创建一个 2×2 矩阵,并描述每个象限。对于每一个场景,首先要有一个引人注目的标题,然后将特征和驱动力嵌入到与标题匹配的故事情节中,构建一个连贯的情节线。要构建引人入胜的故事,可以通过使用报纸风格、流行人物/组织和标准的小说情节线索方式,逐步接近标题从而完成虚构的过程。

（6）为每个场景生成并确定影响及其优先级。

（7）为最有希望和可能的场景制订行动计划。

（8）组织要准备好在事件展开时进行监控,并注意预警信号。

（9）如有必要,组织要准备好改变路线。

3.1.5 头脑风暴

当使用结构化方法进行协调时,仅从少数人那里收集关于主题的信息可能会非常有效。根据问题类型(例如开放式创新型、成本优化型)和参与者类型(例如员工、客户),头脑风暴可能采取非常不同的形式。例如,焦点小组(focus group)[83]是一种应用于市场研究的常见头脑风暴活动,在第 3.2.4 节作了描述。下面的步骤代表了一种更"通用"的头脑风暴方法。

方法 #5

（1）召集一个由不同专家和领导角色组成的小组(例如 5~10 人),包括一个只做笔记的人(想法记录员)。

(2)清楚地介绍会议的目标。

(3)围绕感兴趣的主题提出一系列初步的想法。

(4)协调一个圆桌会议,每个参与者都对迄今为止所讲的内容提供反馈,并提交自己的想法。特别是,确保一次只有一个人发言,要求参与者在以后请求发言时举手。

(5)通过定期提出具体的不受条条框框束缚的见解来鼓励和促进创造力,例如,有人可能会问其他行业如何处理同样的问题,比如克莱·克里斯滕森(Clay Christensen)、史蒂夫·乔布斯(Steve Jobs)、沃伦·巴菲特(Warren Buffet)、蓝领工人或外国公民等。

(6)创建一个"停车场",存放与当前讨论内容不太相符的想法,并供后续重新审视。

(7)以基于相互反馈的讨论结束,这种反馈的目的是建立共识和高效决策。

3.1.6　资源配置

预算是提高竞争力的关键,因为它旨在优化资源配置与战略目标的一致性。关于重新设计,做出有效的资源分配决策需要深入分析哪些活动应该取消,哪些活动应该执行,以及如何执行这些活动。它需要对诸如自动化、精干化、标准化、外包和离岸等备选方案进行成本/收益进行定量分析。对于许多财务估算技术来说,某些活动(如研发)的投资回报率可能难以估算,有时只有在客户愿意接受长期回报的情况下才有意义[84]。

方法　#6

(1)确定清晰的战略计划和成本目标。

(2)列出不同活动和业务单位的事实和数据,包括所有支出及其与收入流的关系。

(3)定义理想状态和必要活动。

(4)优化或重新设计未来状态和活动集。

(5)确保客户接受并相应地重置预算。

3.1.7　成本优化

为了降低成本并保持增长,需要寻找在成本较低的情况下产品/服务仍能完全满足客户需求的拐点[85]。成本优化解决方案通常包括简化组织结构(如运营模式、营销渠道)和创新新技术、商业模式或 IT 系统[86]。

方法 #7

(1)识别在必要的竞争优势(如产品定制)和不必要的复杂性(如中层管理)之间进行潜在权衡的活动。

(2)为这些活动(例如精简、外包、重组、垂直整合)进行头脑风暴并确定替代解决方案,这些解决方案可以降低成本并强化核心(如增加关注度、提高品牌曝光度、加速生产)。

(3)通过进行成本/收益定量分析比较这些替代模型。

(4)制订最有益的替代方案并提出行动计划。

3.1.8 裁员

作为降低成本的最终手段,客户可能会考虑裁员。这样,咨询师需要围绕以下问题进行全面的分析:为了尽可能减少对裁员后组织的负面影响,可以淘汰哪些非必要资产?

裁员的众多缺点[85]包括公共关系差、员工士气受损以及如果未来经济环境改善而浪费机会资本(即聘用和培训新员工的成本高于激励现有员工的成本)。因此,每个人(客户、员工和高管)在裁员时都会有所损失。因此,咨询师面临着降低成本和有效增长战略之间的两难境地。如果咨询师提出了一种裁员策略,其副作用比其设法解决的问题更具破坏性,客户的底线将受到损害,客户与咨询师的关系将恶化。

方法 #8

(1)确定不重要的公司人力资源作为可能裁减的人员。

(2)评估裁减每个人员对组织的总体影响,包括财务和心理影响。需要特别关注公司的声誉、由于混乱或人才流失导致的员工生产率下降以及在经济环境允许组织恢复到目前规模的情况下未来的机会成本。

(3)确保客户接受。

(4)制订一项计划,其中可能包括:建立一个支持裁员的委员会,并将其与公司及其股东的最佳利益挂钩;培训经理进行裁员;协助前雇员寻找工作。

3.2 消费者市场研究

3.2.1 文献研究

咨询师在任务的每个阶段都要从文献、报告和网络资源中提取信息。他们使用这种类型的二级研究[87]在与客户初次会面之前和在所有类型的活动(组织发展、市场研究、竞争情报)之前/期间来熟悉情况,因为所要解决的问题都可能在以前已经解决过了。对于咨询师来说,遵循"二八定律"[88]并在过于宏观(不够)和过于详细(过多)的信息之间取得平衡很重要。

方法　#9

(1)明确正在研究的主题。

(2)定义关键词列表,包括同义词和替代术语。

(3)确立适当的研究范围:出版类型(同行评审文章、活动报告、行业报告、报纸、书籍、博客)、出版日期(<1 月 、<1 年 、<10 年)、出版物的深度(摘要、全文、章节)。

(4)使用上面定义的关键词和范围查询相关数据库。

(5)通过浏览目录、摘要和图表来选择一组文档。

(6)利用选定的文档:一种有效的方法是,在阅读时始终专注于所研究的问题和主题,突出与这些特定问题和特定主题相关的部分,并在每个文档的末尾综合要点,以便将来查看。

3.2.2　消费者细分

细分市场对于一个公司来说非常重要,它能够让公司专注于并开发出对最有利可图消费者具有独特吸引力的产品,在特定目标市场中有效地超越竞争对手。竞争优势不一定要以增强产品功能的形式呈现:它可能需要精明的营销活动或动态定价策略。客户细分有助于公司进行资源分配和制定增值优先方案。它可以根据任何数量的消费者的人口统计属性或心理属性(年龄、收入、种族、教育、性别)进行,但越来越多的研究人员对这种方法表示怀疑[18-19,46,75],而是建议根据消费者的购买情况和购买原因对其进行细分。

方法　#10

(1)确定对客户的价值主张有意义的可衡量细分市场。

(2)实施消费者调查、焦点小组和一对一访谈(或使用其结果)。

(3)通过对服务每个细分市场的成本和效益进行分析,确定每个细分市场的利润潜力。

(4)根据利润潜力和客户能力/目标对细分市场进行优先排序。

(5)针对客户投资资源,以使提供的服务(产品差异化、定价、营销、分销)符合所选细分市场的特性。

(6)组织要准备好调整其服务以适应未来市场环境的变化。

3.2.3 调查

调查经常被用于评估客户组织内外的各种利益相关者的想法、行为、意见、需求和待办工作。当前调查方法采用问卷形式,这些问卷适用于基于计算机的统计分析。例如,封闭式问题,即被调查者从有限的选项中选择一个答案,可以使用简单的描述性统计进行分析(详见第 6 章)。但是开放式问题现在也可以由计算机使用最先进的分析技术自动处理,这些技术被称为"自然语言处理"[89](详见第 7.4.3 节),或者简单地编码成一个响应量表,然后进行定量处理。调查通常包括封闭式和开放式问题。封闭式的问题更容易记录和评分,但会降低表达性和自发性[87]。开放式的问题允许被调查者有更大的灵活性,但难以记录和评分。

调查包含了许多可能被改进的特性,因此精心设计和解释是必不可少的。例如,要将一个样本的结果推广到一个群体,就必须避免所谓的选择偏差(即过度代表给定的性别、种族、教育水平等)。随机抽样和分层抽样通常用于降低选择偏差,分层抽样包括将种群划分为子种群,并从这些"层"中抽取随机样本[90]。

统计调查的另一个共同挑战是虚假关系的存在,也称为相关性因果谬误[90],其中两个变量之间观察到的相关性可以用第三个变量(通常是未知变量)来解释。咨询师可能会倾向于根据他/她发现相关的两个变量 x 和 y 之间的假定因果关系来制定策略或行动计划。但如果变量 x 不"导致"变量 y,两个变量 x 和 y 事实上完全取决于其他变量(称之为 z), x 和 y 之间相关性的强度可能取决于 z 的值。例如,假设 x 和 y 是两个咨询师的情绪,z 是他们经理的情绪。对于经理的某些情绪范围(例如快乐),咨询师的情绪可能有很强的相关性,因为他们同时经历着快乐和压力。但是对于其他一些情绪(例如不快乐),他们的情绪可能变得完全不相关:他们现在更多地受到一些因素的影响,比如接下来他们将分别从事哪个项目,而不是当前这个共同的项目。在数学上,这种类型的条件关系是用偏相关来量化的[90](详见第 6 章)。

调查方法的另一项名声不佳的挑战是,概括过去和现在来预测未来是不可靠的[91]。在报纸上,经常看到从"严格"调查中推断出的人群"属性",而实际上这些属性是动态变量,因此它们过去的轨迹可能在将来很难重复①。在所谓的

---

① 使用上一代大数据分析软件,例如,请阅读《华尔街日报》2015 年 8 月 25 日发表的乔什·祖姆布伦(Josh Zumbrun)的文章《没有滞后时间的经济预测》(*Economic Forecasts, Without the Lag Time*)。

横向研究中,调查是在一个特定的时间进行的;在连续的独立研究中,调查是在多个时间点进行,试图抽取同等代表目标人群的样本;在纵向研究中,也会对同一样本的多个时间点进行调查。纵向研究是最为严谨的[91]。但即使是精心策划的纵向调查也不能完全预测未来。

预测一家公司在一年内的利润,就像预测一个月内的天气一样。过去的轨迹预示着未来,但任何预测都伴随着相关的概率[92]。咨询师应该始终明确可信水平。

方法 #11

(1)决定针对一次研究与纵向研究,应该收集什么样的信息。

(2)构建问题草案。问题应该简单直接,从吸引被调查者注意力的问题开始,把人口统计类的问题移到最后。

(3)用试点对调查问卷进行预测试。

(4)编辑最终调查问卷并向被调查者具体说明。

(5)确定分类标准(例如需求、待办工作、年龄、性别、住址、教育程度、职业、收入),并根据这些标准使用上述抽样技术(例如分层抽样)选择目标人群的代表性样本。

(6)制订行动计划以提高响应率和可靠性。例如,以友好的指导性意见(如长度、目标、调查组织的名称)介绍调查,为评估合作发出预先邀请函,提供奖励(礼物、抽奖),重复测试以评估被调查者回答的一致性,并避免第3.2.5节中描述的面试官效应。

(7)通过直接观察来补充口头调查所得出的观点,从而更准确地确定参与者真正参与的行为,以及他们真正持有的态度。

3.2.4 焦点小组

焦点小组是一种头脑风暴活动,它在围绕(聚焦)一个预定义的主题的同时促进多样性和创造性[83]。传统上,焦点小组可用作了解客户对新产品反应的市场研究工具[87],但也可以用于更要求多样性和创造性的任何情况。简而言之,焦点小组包括选择一组不同的参与者,并实施一个防止一致性的过程,使每个参与者形成和表达自己的独立意见。

方法 #12

(1)收集一群具有不同背景的人[19,46,76-79],如不同的教育/收入水平或种族。

(2)围绕将要解决的主题提出整套问题/断言。

（3）根据简单的评分系统协调第一轮圆桌会议，以便每个被调查者都形成自己的意见并做出承诺，但为避免影响其他人并不进行表达（这是关键步骤，改编自参考文献[93]）。

（4）协调第二轮圆桌会议，重点关注产生最多样化答案的问题/断言，并邀请每个参与者表达在第一轮会议中评分背后的理由。

（5）既然已经培育了多样性，就在旨在建立共识和有效决策的相互反馈的基础上进行讨论。

3.2.5　访谈

访谈经常被用来代替调查，因为访谈可以提高响应率和可靠性[87]。在某些情况下（例如会见 CEO），访谈可能是唯一合理的形式。最重要的是，访谈可能包括直接观察某些可以带来全新见解的行为和态度[18,46]。

当然，访谈不能覆盖百名受访者的多个问题的调查范围。但即使在这些情况下，为了补充常规调查，访谈也是必要的，因为有些问题可能需要面对面的交流。例如，在针对医学患者群体的生物标志物研究中，一些问题往往需要复杂的诊断，而这些诊断只能由专家进行。

访谈中一个常见的挑战是面试官效应。例如，在面对面的调查中，参与者可能试图表现出积极的自我形象，以迎合采访者[94]。

访谈的另一个常见挑战是模式效应。无论访谈是在正式的公司等级结构下进行，还是在家里，通过街头拦截、电话，或是通过在线文本，都可能会改变受访者的回答[95]。

对于调查来说，问题应该简单、直接，包括开放式问题和封闭式问题。开放式问题允许被调查者有更大的灵活性，但难以记录和评分；封闭式问题更容易评分，但是会降低表达性和自发性。

方法　#13

（1）明确访谈的目标以及应该收集何种信息。

（2）准备一个讨论蓝图来组织会议[93]。开场白可以包括会议的目的，正文可以按主题分类，每个主题都指向一组特定的问题，结束语可以征求文件/联系信息，并指明后续步骤，即受访者何时会收到采访者的回复。与调查相反，从简单的人口统计性问题开始有助于提高受访者的信心。

（3）开始访谈时，打破沉默，介绍目标和提出会议议程。提出议程会让咨询师显得严谨而又敏感：当一个清晰的开始、目标和里程碑都提前准备好时，受访者会感觉更舒服。

（4）在访谈过程中，要集中精力积极倾听，直接观察行为、态度、购买过程等。注意关键思想和逐字引述。

（5）会议结束后，写一份详细的访谈报告。

3.2.6　大数据分析

大数据是当今时代的流行语[96-97]，它反映了几乎每个应用领域中通过互联网可以获得的大规模数据的爆炸性增长（21 世纪是信息的新时代[98]）。分析是指用于分析所有这些数据的统计和数学技术[52]。新生的科学，即数据科学，正变得越来越容易被每个人所掌握，而不需要专业技能[98]。大数据分析正在不断扩展的业务领域内改变着测量和管理关键功能的最佳实践[53,59]。大数据领域的潜在机遇/挑战通常在"4 - Vs"特征中提及[65]：

·规模性（Volume）：可访问的数据量很大。

·高速性（Velocity）：高速/超高速分析，开启了实时处理之门。

·多样性（Variety）：任何类型的数据。从结构化的电子表格到非结构化的文本、声音、演讲和视频。

·可变性（Variability）：将不同的数据格式组合成预测模型和人工智能系统。

方法　#14

（1）明确目标，确定用于评估成功的关键职能和绩效指标。

（2）确定合适的数据源、分析/人工智能解决方案和资源。

（3）确保客户接受。

（4）组建一个由技术熟练的数据科学家组成的内部或外部团队。

（5）制定与流程和数据保密性相关的政策。

（6）促进相关方与数据科学团队之间的数据收集。

（7）根据从预测模型和人工智能系统产生的见解制定业务策略。

（8）开发一个框架，使客户能够继续使用大数据进行测试和学习。

3.2.7　定价

定价策略应考虑客户的目标、成本结构、竞争环境和市场需求弹性（又称经济价值[100]）。定价优化技术与产品设计密切相关，因为不同的客户群体通常寻找不同的产品，而这些产品又对应不同的价格点。在一组预定的假设下，可以开发复杂的数学模型，根据库存、季节性需求、市场参与者的创新（例如软件升级）等因素动态调整价格。鉴于这些模型的输出具有精确性，但它们的输入（例如假设、调查结果)往往是不稳定和不准确的,因此最好采用第 3.1.4 节所介绍的场景规划方法来补充定价策略。结果采用连续价格曲线的形式,客户可以根据自己的观点和喜欢的假设来选择自己的定位。

方法 #15

(1)明确客户的目标(短期利润、市场份额或其他策略)。

(2)选择首选最优模型并确定所需的输入/输出。

(3)收集运行模型所需的数据。例如:成本结构、竞争对手成本结构、经济规模、季节性平衡、竞争反应、新进入者、新技术,营销活动、客户调查和访谈的影响。

(4)加载、运行和修正模型。

(5)实施试点以增强对模型预测的信心。

(6)描述允许实施建议定价策略的流程。

(7)开发一个框架,使客户能够使用未来的数据来升级定价模型。

3.3 竞争情报

3.3.1 供应链管理

该活动包括对产品或服务从采购到交付的连续阶段的同步和优化[86]。一个组织的运作可以分为两个部分:价值链和供应链;价值链定义了连续的增加价值的活动链[100],而供应链指的是使这些活动得以发生的物流过程。换句话说,供应链管理就是在价值链的每个阶段以合适的成本在合适的时间交付正确的产品。因此,有关各方之间的有效沟通和同步信息传递对供应链管理至关重要[86]。

方法 #16

(1)在客户和不同的合作伙伴之间开展一个类似于团队建设的活动,以建立信任和开放的沟通。

(2)确定每个合作伙伴需要哪些关键数据,以实现其与客户价值链的最佳整合。例如:交货日期、生产计划、需求预测、产能利用率、库存水平。

(3)实施自动数据交换 IT 系统和激励流程,以确保第 2 阶段中每个合作伙伴确定的关键数据能够实现最佳传输。

(4)供应链管理还可能涉及更根本性的设计计划,如第 3.1.3 节中描述的重新设计方法[78-81]。

3.3.2　尽职调查

尽职调查是指为确定组织的绩效而采用的一系列调查技术。通常在合并或收购之前,咨询师会根据客户的目标,为整合推荐一个或少数几个有趣的目标。咨询师的重要贡献往往是制定一套可量化和评价的全面绩效指标[86]。

方法　#17

(1)为客户和目标公司制定清晰的愿景和战略。

(2)确定绩效类别(例如财务、运营、创新)和目标。

(3)制定考虑短期和长期结果的绩效指标。

(4)确保客户接受指标。

(5)创建可靠的跟踪和通信系统。

(6)收集和分析性能数据。

3.3.3　标杆学习

标杆学习的目标是通过结合最佳实践进行创新。这不仅仅是模仿,它包括识别、理解和学习其他的过程和实践,这些过程和实践(在业务、销售等方面)能够提高绩效。标杆学习可以在内部通过比较客户组织内的类似活动来实现,也可以在外部通过观察竞争对手,特别是同类中最好的(即表现最好的)公司来实现[85]。

方法　#18

(1)识别关键绩效指标。

(2)选择公司或内部区域进行标杆学习。

(3)收集有关绩效和实践的数据。

(4)分析数据并找出改进的机会。

(5)根据客户的核心能力调整最佳实践。

3.3.4　外包

外包能使公司更有效地专注于其核心能力。签约的第三方公司的业务模式通常利用专注和规模,因为它专门从事外包活动。反过来,外包公司可以相对较低的成本从最先进的活动中获益,而无需将其内部化[101]。

方法　#19

(1)确定哪些活动与核心能力相对应,哪些活动可以外包。

(2)定量评估外包不同活动的成本和收益。

（3）评估外包不同活动的非财务影响,例如可能失去的自我融合协同和对外包商的依赖。

（4）排名最佳机会（以及潜在的外包商,如果有多种选择的话）。

（5）确保客户接受。

（6）制定一份符合客户期望的指导方针和绩效指标的合同。

3.3.5　并购

并购（M&A）的咨询项目可能采取截然不同的路径,具体取决于并购的性质（例如自愿收购、恶意收购、善意并购）和客户征求咨询师时所处的阶段（例如确定潜在目标、促进整合）。

确定目标将把咨询任务的重点放在尽职调查（第3.3.2节）和战略规划（第3.1.1节）活动上。相反,协助整合将涉及更多的业务活动,例如供应链管理（第3.3.1节）、标杆学习（第3.3.3节）和大多数组织发展（第3.1节）活动。监管框架可能对大型并购企业的启动和发展产生重大影响,因为这些活动可能被视为反竞争行为,因此需要政府机构的理解和支持（例如美国的联邦通信委员会）。

大多数并购都失败了。研究人员发现导致这些失败的一些偏差（包括筛选阶段和整合阶段）,包括咨询师寻求确认证据而不是非确认证据的确认偏差、假设产生的过度自信、缺乏应急计划（"沉没成本谬误"）、低估文化差异以及低估整合所需的时间和资源[102]。

方法　#20

（1）明确并购目标（如渗透、多元化、协同、税收优惠）。

（2）使用尽职调查方法来审查/选择目标公司。

（3）制订整合计划,确定具体的里程碑。

（4）组建一个监督整合的整合团队。

（5）向所有员工清楚地传达并购背后的战略动机。

（6）制订激励计划,鼓励所有员工只致力于一种文化。

（7）获得两个组织的支持及其对整合的直接贡献。

第4章

客户—咨询师间的互动

4.1 关系的本质

在讨论客户期望(第4.2节)和项目不同阶段的相互作用之前(第4.3~4.6节),首先要弄清楚咨询师与客户之间关系的本质。下文阐述了不同类型的关系。正如您所看到的,关系的本质取决于特定的背景,尤其是客户对咨询成功的理解。因此,咨询师应该注意到这些不同看法并适应这种情况。

4.1.1 全局:理论模型

在文献中至少有十几种被大众广泛接受的咨询模型,详细地阐释了对这一专业的不同观点。首先,根据客户在咨询中认可的专业知识,这些模型可以分为四类。其次,会出现一种这样的现象:咨询业务始于对咨询师的"完全"依赖,止于"完全"怀疑。

1. 经典专家模型

在这个模型中,客户将信息传递给咨询师,咨询师给出最终的解决方案。这是一种以咨询为中心的视角,它假设咨询师具有解决问题的能力,因此是非常单向和主观的。该模型是30多年前彼得·德鲁克提出的,放在现在依然适用。确保该模型成功的两个要素是:外部咨询是公正的,因为其代理商是独立的;代理商接触不同的行业,可以带来许多新观点。

经典专家模型在其他文章中也被称作专业知识购买[105]、心理冒险和战略导航[106]。从管理的角度来看,这种模型源于经典的组织理论:它源于一些经典的文献,这些文献可以追溯到亚当·斯密和20世纪早期的一些流行经济理论家。这些文献追求科学管理、注重结果,为制定相关规则和指导方针奠定了基础。但同样,这一理论因其思想性的基调而受到广泛批评。

2. 医患模型

这种模型更加平衡,因为客户和咨询师互动是一个相互学习的过程。虽然咨询师的专业知识充足,但只是管理和流程方面的知识,他们并不了解客户的具体问题。可以用"医生的成功来自对患者的诊断"来做类比。咨询师解决客户问题的能力是由客户和专家共同努力来构建的,双方的努力都有助于找到解决方案。该模型强调在互动中发展相互信任的重要性。

该模型在其他文献中也被称为商业医生[109]、管理医师、系统架构师[106]。从管理角度来看,这种模式源于制度经济学范式[110],它们本身与进化生命科学范式相关联(并且根植于其中),特别是系统生物学。在这些范例中,个人努力在不完善的市场环境中最大化其经济效益,机构引导个人行为到特定方向以追求特定目标[107]。自然摩擦的产生是因为个人和系统(制度)有不同的激励方式,导致双方产生潜在机会主义行为[107],同时因为系统内部因素以及这些因素与外部因素的对比[111]。系统理论的一个基本假设确实是系统的变化是"自组织的",因此无法从外部进行管理,这自然会在系统(客户)和非系统(咨询师)之间产生摩擦。

这种模型并不承认存在全能的咨询专家,但并不与专家系统的存在相矛盾,专家系统专门研究通用流程、策略,因而拥有独特的诊断能力。"医生"将制订治疗计划,"患者"将选择符合其利益的具体解决方案。该理论强调了制定有效合作条款的必要性,从而可使咨询师干预的好处大于这种干预对客户系统产生的自然摩擦。

3. 社会帮手模型

在该模型中,客户和咨询师的互动也是一个相互学习的过程,但简单地说,客户是专家。咨询师的价值主张来源于心理学和社会学,可理解为协助客户解决问题,在此过程中不承担任何责任。

咨询师通过基于德鲁克的第一价值来促进组织内部问题的解决[103]:咨询师是独立的一方,因此他更容易促进组织内的团队合作和意见交流,培养动力和促进接受。此外,咨询师通过基于德鲁克的第二价值来为这些讨论提供支撑:咨询师从参与到不同行业/企业中获益,因此他有分享新想法的独特潜力,这是行业/企业内部专家所不具备的优势。

该模型在其他文章中的名称有反思实践者[112]、社会学习模型[113]、过程咨询[108]和友好副驾[106]。从管理的角度来看,这一理论植根于组织发展和社会科学,并使对咨询师模型普遍存在的不满意合理化。该模型超越了理性的"解决问题"[114]的方法,因为它将隐藏的文化、政治和情感因素视为待解决问题的内在要素[115]。

这种关系的核心思想是客户问题的解决方案来自社会实验,其中客户带来了大部分专业知识,而咨询师带来了方法论,从而使专家和助手共同解决问题。如果专家模型是管理理论的保守视角,那么与之相反,社会帮手模型就是一种开放视角。但正如人们所预料的那样,该模型的缺点包括政治议程中频繁出现的偏见,这些偏见是在解决问题的过程中产生的,代价是实用主义[7,115]。这种模型一开始质疑整个行业的合法性,并为外部咨询的价值和道德批评者们打开了大门。

4. 说服力模型

在过去 25 年中,一系列文章[116]和书籍[120]甚至电视节目[125]开始质疑管理咨询业的价值、道德观念和合法性,特别是针对大型咨询机构[121]。这种观点认为,咨询是一种利润驱动的象征性交互,受害者或者是客户或者是咨询师。将客户视为受害者的支持者[119-123]报告称,管理时尚的产生,加上出色的表演技巧,说服了公司高管相信附加价值的存在。文献中还有很多例子,咨询师(或者更确切地说是他的声誉)是客户隐藏议程的受害者,咨询机构的信誉被用来打动利益相关者或规避利益相关者的抵制。因此,咨询师成为高层管理的延伸,依靠印象和言辞提供其价值。

该模型在其他文章中的名称有关键模型[48,103]、修辞学家[116]、印象管理者[120]、戏剧[127]、管理时尚的创造者[119]。当然,优秀的咨询师不应将这种模式作为指南:它是良好管理的反例。不过,我认为咨询师要明白这个观点是有用的。这种意识有助于人们理解可能面临的极端怀疑主义者,以及在客户和咨询师的关系中可能出现的问题。

管理咨询业是一个相对较新的行业:咨询机构使用的概念和方法是在过去几十年内发展起来的。如果咨询师对他们的客户就像医生对他们的病人那样,那么咨询业务将永远不会过时,也不会被取代。回想一下,在医学领域,即使是最知名团队也必须避免一些模棱两可的做法。例如,侵入性脑外科手术等手术在 50 年前就被普遍认为很不道德和荒谬的①,如今它可能只有在好莱坞的作品中才会出现。然而今天没有人会质疑神经外科医生的合法性。当对咨询实践的反思必须基于科学的理论和纯粹的印象时,我们可能正处于一个历史的转折点。但有一点是肯定的:当普遍模型的支持者因其成就而获得名声和个人财富时,他们既不利于这种反思,也无益于企业组织。

4.1.2　实践中的模型

上述模型是有效的理论框架,但需要根据问题的情况、项目阶段和合作伙伴

---

①　Appelbaum 等人使用的机器学习方法,文献[129]是第 7 章中介绍的简单 ML 回归算法:它包括在预测客户的整体满意度时,为每个特征分配特定权重,并在每个步骤测试预测性能,在下一步优化权重集,有效地学习特征的相对重要性,一步一步地直到算法收敛。

的个性及动机进行选择。客户—咨询师的关系在任务过程中会动态地变化,而他们的相互依赖关系和主动权的更替也会在就具体问题和解决方案的讨论中发生变化。[126]

1. 咨询师的角色

亚瑟·特纳(Arthur Turner)确定了 8 类客户—咨询师互动方式[128],较好地综合了上述模型的类别(保持了说服模型……):

(1)向客户提供信息。

(2)解决客户的问题。

(3)做出判断,这可能需要重新定义问题。

(4)根据判断提出建议。

(5)协助实施建议的行动。

(6)围绕纠正措施建立共识和承诺。

(7)促进客户学习。

(8)不断提高组织效率。

每项任务都有其特点,在实践中,上述类别间的相对重要性会有所不同。可以认为,客户和咨询师关系的本质对应于上述类别的特定权重排序。

2. 趋势

文献[129]记录的最新趋势表明,客户—咨询师关系正在从专家模型转为更接近于相互信任程度高的伙伴关系(趋向社会帮手模型,特纳列表中的第 6,7,8 项)。咨询公司也从纯粹战略性行动转向模仿实施或测试推荐的行动方案(特纳列表中的第 5 项)。

3. 客户的角色

一般而言,客户的干预遵循以下顺序[130]:

(1)选择咨询师。

(2)解释问题和目标。

(3)向咨询师提供信息。

(4)定期检查以跟进进度。

(5)评估咨询师干预的质量。

应该考虑到客户—咨询师关系的双重性,因为其总是涉及两种类型的关系[115]:文化维度(知识的转移和创造)和政治维度(人们的利益和影响)。在这两个维度,客户对于任务成功的作用与咨询师的作用一样重要。

4. 谁是客户

最初的客户可能是个人或管理团队,但随着客户和咨询师之间信任程度的变化,咨询师开始将整个组织视为"客户"[129]。Edgar Schein[131]认识到,谁是客户的问题通常是模棱两可的。他提出,咨询师会根据不同类型的客户,同他们的独特需求、期望、参与程度进行对接。至少有三类客户受到咨询师干预的影响(改编自参考文献[129]):

(1)主要客户:签订合同并管理干预的个人/单位。

(2)中级客户:参与干预的所有其他个人/单位。

(3)不知情客户:可能受到干预但不参与或不一定了解干预的所有其他个人/单位。

一些作者[7,132]指出,在某些情况下,将客户视为个人/单位之间的交互而非任何特定个人/单位,是有效的。

5. 信托问题

无论如何,客户的角色都会在关系存续期间发生演变,并超越主要客户。每个参与干预的人都需要建立信任。文献[7]中报道的一个常见错误是"好人—坏人"综合症,在这种综合症中,咨询师通过带来热情并传递弥赛亚般的信息,可能暗示人们将自己视为好人,其他人都是坏人……至少是不如他们的。

主管和下属都可能对咨询师干预的任何方面有不同的担忧和疑虑。如果没有建立起相互信任,个人或单位可能会感到受到操纵,例如为自己保留信息、串通、利用信息为自己谋取利益、批评同事或上级,并在绩效评估阶段给予差评[7]。

作为一般经验法则,建议咨询师将自己立为榜样,愿意实践和发展他们希望灌输给客户系统的有效行为[7]。因此,咨询师的优点是发出明确的信息,提出可选的方法,鼓励和支持,以建设性的方式给予和接受反馈,帮助制定问题,激发探索精神。

6. 干预的适应性

除了信任之外,咨询师的判断和干预程度可能会对不同类型的客户(初级、中级等)产生许多不利影响。常见的错误包括倾向于应用过去产生良好结果的技术,但可能无法根据客户的情况进行调整,干预的程度比客户情况所需的更深,并且所采取的行动、计划与客户资源不相容。

在无私的尝试中,为了避免上面提到的常见的"好人—坏人"综合症,咨询师很容易加入客户组织的文化。但可能会中和咨询师的有效性,而不是帮助解决问题[7]。

7. 咨询师的困境

4.1 节概述了客户和咨询师关系的不同模型以及如何在实践中应用这些模型。咨询师不断面对"领导与推动"或"合作与跟随"的困境。太接近专家模型,客户往往被视为傀儡;太接近社会帮手模型,则咨询师往往被视为傀儡。说服模型没有提供任何关于如何改善客户和咨询师之间合作的见解,因为该模型以悲观、批判的眼光看待咨询师。考虑到所有因素,医患模型可能是简单模型与复杂关系的下一个最佳选择。

客户和咨询师之间的关系远远超出了单一匹配的限制。客户的满意度决定了咨询师的新任务和介绍给其他客户的可能性[130];这种长期关系是整个咨询业商业模式建立的基础。

4.2 关于客户的期望:为什么聘请咨询师?

聘请咨询师的目的取决于咨询的类型。例如,创新战略或 IT 型的案例中可能需要客户也许还不具备的技术技能。但是文献中记录了更多普遍存在的目的[48],包括管理者必须应对的日常斗争(管理、政治)以及管理人员由于履行核心职责而没有时间解决的新的复杂问题。以下是麦肯锡公司(改编自参考文献[129])提供的聘请外部咨询师的主要原因的详尽清单:

(1)咨询师是公正的,因为他们是独立的(即德鲁克的第一个价值)。

(2)咨询师拥有客户所没有的丰富经验。

(3)咨询师提供其他方式得不到的能力。

(4)咨询师有时间研究问题。

(5)咨询师是专业人士。

(6)咨询师有能力根据他们的建议创建行动。

以上是从咨询师的角度列举的聘请咨询师的原因。我们再从客户的角度来看聘请外部专家的原因,这些数据来自不同行业的执行经理的调查(如下所述):

(1)咨询师将新的能力转移给客户公司的人员[129]。

(2)咨询师可以更好地控制要解决的项目(参考文献中的销售代表[48])。

(3)咨询师提供了作为旁观者的视角(参考文献中的 CEO[48])。

(4)咨询师可以使用专业的技能进行指导和监督(参考文献[48]中的销售总监)。

(5)咨询师可以作为政策武器[115,133]。

(6)咨询师免费提供额外帮助[115,134]。

(7)咨询师提供具体实施计划的解决方案[129]。

(8)咨询师提供专家建议[129,135]。

咨询师和客户的观点有较多重叠。这些见解来自不同的调查,包括数百名专业人士,其中大多数人也表达了此处未列出的缺点和挑战(例如参考文

［48，129］）。为了建立从大规模客户调查中收集的积极和消极反馈，Steven Appelbaum[129]从客户的角度出发，建立了一个完善的客户满意度模型。他的团队收集了 102 名高级职员对专家干预的 50 多个不同方面的评价。使用第 7 章中描述的机器学习的数学框架，数据集用于"了解"一组变量（称为自变量）可用于预测另一个变量（称为因变量）的价值，他们创建了一个模型，将整体满意度与专家干预变量联系起来①。Steven Appelbaum 的最终研究结果显示，在重要性上，客户是整个项目的关键：

（1）解决方案考虑客户的内部准备状态。

（2）项目包括设计新解决方案。

（3）项目可交付成果清晰。

（4）咨询师全程与项目团队合作。

（5）咨询师很专业。

（6）咨询师理解客户的迫切需求。

根据客户的观点，上述清单代表了成功的咨询干预的数据驱动建议。

在本章之前的部分，我们注意到客户—咨询师在文化、政治维度的重要问题。就"期望"而言，除了更具体的技术期望之外，这些维度强调了不成文的心理预期[115]的重要性。技术期望是指客户不具备的深入的专业知识。心理期望表示咨询师的整体沟通技巧和对政治需求的接受程度，其对可以实现和不可能实现的目标的实用主义，在不收取额外费用的情况下他理解环境和适应客户团队，倾听、移情和提供咨询的能力[136,137]。

没有两个咨询项目是相同的。因此，在得到之前，客户不能事先知道他到底在购买什么[48,120]。在任务布置之前和期间，客户可通过互动的质量评估最终可交付成果的质量。令人遗憾的是客户的期望永远不会完全提前设定。不断变化的关系的准备情况和质量决定了咨询项目能否成功，它决定了客户对解决方案的贡献的性质，并通过调整他/她的期望来控制他/她的满意度。

4.3　道德标准

管理咨询道德规范可通过不同渠道获得。大多数咨询机构都开发了自己的

---

①　脑切除术的奇怪历史确实达成了科学共识：正如一位匿名在线博主说（英国广播公司的文章，来自 H. Levinson，可访问 www. bbc. co. uk/news/mobile/magazine – 15629160）："背后的科学实际上非常稳固。问题来自于试图削减特定的连接，这在 20 世纪早期就像试图用火箭筒摧毁大海中的隐形针。"

规范,但这些规范的指导方针相似。根据管理咨询公司协会(AMCF[138])、管理咨询协会(IMC[139])和参考文献[7,130,140],简要总结如下:

1. 数据的使用

不得为了个人利益曲解数据,也不得用数据来欺骗、惩罚或伤害他人。

2. 专业和技术准备

不得歪曲个人的背景、能力或专业知识。

3. 保密和利益冲突

不得使用客户机密信息向其他客户提供竞争优势,也不得向任何内部或外部团体或个人披露客户机密信息。

4. 胁迫和勾结

不得强迫任何个人披露他们希望保密的信息,也不得故意与任何其他团体或个人串通。

5. 开放性和对现实结果的承诺

应公开通告拟议行动方案的预期影响。

6. 披露费用

应事先披露建议所产生的所有费用,并设定与所提供的服务相称的费用。

4.4　首次会谈:明确案例和目标

电话铃响了。一位高管对她的组织有一些担忧,咨询师被推荐为可以提供帮助的人。在简要描述了一些问题并讨论了咨询师的专业知识在多大程度上适合这种情况之后,双方约定一起用餐或在执行办公室会面来进一步处理此事[7]。

在不同时代、不同的组织和行业中,咨询项目的初始阶段是非常相似的,这突出了咨询业务模式中关系网络和转介系统的重要性[141]。

4.4.1　首次会谈的目标

首次会谈旨在探索客户要求的合理性和目标,通常涉及客户方的高级管理人员、咨询方的合伙人,在之后的会议中,他们会在各自一方组建团队。

在双方接触的开始前要明确选谁、怎样、何时、何地等主要问题。

选谁:将从客户方的哪一组开始干预?

咨询师方用哪一组合适?

怎样:客户和咨询师之前在什么样的类似情况下会过面?是如何进行的?

何时:什么时间范围合适?

何地:项目进行各阶段分别定在何地?

正如 French 和 Bell[7] 所指出的,在这些初步讨论中,最重要的是咨询师和客户之间形成的相互信任度。在这一阶段,"补偿"方面需要达成财务和心理契约。

4.4.2　咨询师向客户提的问题样本

以下是咨询师为了更好地了解组织情况的问题样本(改编自参考文献[142]):

(1)您的首要任务是什么? 成功对您来说是什么?

(2)问题出在哪里?

(3)准备好变革组织了吗?

(4)目前采取哪些措施来解决问题?

(5)您认为问题的根本原因是什么?

(6)成功的最大障碍是什么?

(7)您认为我们应该采取什么行动?

(8)我们还应该和谁讨论?

(9)谁来做决定?

(10)您认为还有其他问题吗?

4.4.3　客户对咨询师提出的问题样本及回应

为了取得成效,客户通常会寻找能适应其组织格局的咨询师,并考察咨询师是否具备类似业务场景的经验。以下是客户可能会问到的问题样本(改编自参考文献[143]):

(1)您以前的客户环境是什么?

(2)您的角色是什么? 您的团队的工作模式是什么?

(3)您过去是如何实施类似的业务方案的?

(4)您以前客户项目中的支持结构是什么?

(5)您在之前的客户项目中发挥了什么作用?

(6)您之前使用过哪些最佳实践方式? 挑战是什么?

(7)作为咨询师,您如何跟上创新的步伐?

如何回应?

咨询师的出现会自动给组织灌输心理期望,并加深组织成员对某些东西的诉求[115]。因此,客户会密切关注咨询师的软沟通技能。讲话礼貌专业、自信务实、语速缓慢,是会见取得成功的先决条件。如果项目涉及特定的技术或行业专业知识,那么咨询师也应该使该组织的成员相信他的技术敏锐性。

良好的沟通技巧和实际内容可以带来良好的关系,促进有效建立信任和协作规划。然而,如果我们不谈论咨询师使用的行业术语,那么就不会完全体现出专业咨询的特点。咨询师使用的词汇往往是一种有效的品牌营销工具。

"创建咨询时尚"是管理咨询行业批评者最常引用的普遍模型①。但是,应该单纯随意地就当前情况运用商业概念和有效沟通的先决条件之间划清界限。批评家不应该忘记任何学科的专家首先使用技术术语的原因,是通过简单的词语来简化对话,否则那些非常复杂的词语,不能很明确地表达相关概念。

管理咨询没有大多数科学课题所享有的普遍支持和百年悠久的基础,而相关讨论往往面临缺乏正式的统一支持结构,即"科学"规范和社区的挑战。然而,像统计学、心理学和生物学等学科一样,管理咨询也需要安排复杂的讨论和辩论。在这种情况下,使用技术术语是先决条件。正如一位专家将通过使用诸如交叉复制之类的技术词汇,而不是挖掘它的含义来参与讨论的生物学家都受益,咨询师将通过使用诸如景观分析、升级策略、灾难恢复、折现协同效应、尽职调查、差异化、多样化、细分、中断、风险缓解、包装、重新设计、情景规划、蓝图、收支平衡、SWOT、ROI、NPV 等术语来区别于业余爱好者,这只是众多概念中的部分范例。

让我们用一个简单但是有用的观点来结束这一部分:与客户的第一次面试并不是一次工作面试。客户希望咨询师已经具备所有相关的技术和功能知识,有利于从第 1 天开始就执行任务。

4.5 咨询师与客户间的合作

咨询任务的本质,如重要的成功因素和可能发生的错误已经在前面的章节中讨论过。整体工作风格的形成取决于客户—咨询师关系的性质以及其他许多因素。但是,在一项任务中,不同的阶段通常可以不依赖于两个合作伙伴之间的关系确定。这些阶段如下:

---

① 有关演示,请参阅 Don Cheadle 在喜剧电视连续剧"House of Lies"的第 1 季/第 1 集中首次客户会议中的出色表演[125]。

4.5.1　明确目标

客户和咨询师必须对预期的程序和结果有所了解。结果表现为增值的某种可衡量的差异[130]。例如,它可以使预定目标增加。如果每个人都在可衡量的目标上保持一致,咨询师可以更容易地开始工作。

本阶段的最终结果是得到咨询师的正式提案,该提案描述了时间、范围和费用情况。特别是,咨询师必须证明他理解客户的文化和政治环境,因为这些与工作任务的预期结果有关[115]。

4.5.2　开展管理咨询活动

参与任务意味着与主要和中间客户维持连续的关系,通常是日常的互动[129]。即使是专注于客户外部环境的项目,例如了解竞争格局或评估政府新法规的影响,客户组织中的政治因素和需求也是至关重要的[115]。事实上,外部环境对客户组织的影响取决于这些内部属性。因此,在实践中,参与总是意味着与客户密切互动。这些互动可以采取小组会议和头脑风暴、个人访谈(面对面或电话形式),也可以通过电子邮件进行频繁的基本信息交流[144]。

客户—咨询师互动的一个关键方面涉及监测和控制[145]。这通常采取与主要利益相关者(即主要客户)进行评审会议的形式。在这些会议上,咨询师介绍最新的想法和总体进展,其对与初始目标相关的当前问题的思考,以及与客户一起更新遇到的障碍和下一步的行动进程[130]。

4.5.3　实施管理咨询建议

客户越来越多地要求咨询师开始实施他们的建议(见第 1 章和第 2 章)。在这种情况下,咨询师可能会找到其他专业人员代替团队的一些成员。如此以来,一些不明所以的客户与咨询师的互动可能会受其影响[129]。

4.6　完成管理咨询任务

结束一个项目与结束项目的一个阶段都必须做一件事,即必须获得客户的正式认可:在评审会上,可能需要获得正式授权才能继续项目周期的下一个阶段;在任务结束时,可能需要获得一个正式的确认,即已交付了商定的服务[130]。

在评审会议上,结束的意义也是咨询师衡量客户满意度(到目前为止)、审查范围、预算、计划以及确保获得后续阶段适当资源和基础设施的机会。

约定的结束类似于一个评审会议,因为项目的结束并不意味着关系的结束[130]。重复的任务可能对客户和咨询师双方都有好处,无论是经济上还是管理上都是明智的。事实上,维持一段持续的关系往往比寻求和发展一段新的关系更容易。因此,对于咨询师来说,结束的意义是确保客户满意、讨论未来合作途径以及记录从任务中吸取的教训的机会。

正式的陈述,即演示文稿,通常代表了协商一致的咨询成果的具体化。这个演示文稿应该具有某些属性,比如与目标相关的属性、对现实的替代解决方案的可维护性、使客户能够做出明智的决定,并确保客户能够在没有咨询师的情况下按照建议的行动方针行事[144]。

下面的两个部分综合了在准备和交付演示文稿时与样式、格式相关的最佳实践。

4.6.1　准备幻灯片

1. 结论优先—归纳推理

第一张幻灯片是总结摘要,包含了来自咨询师工作的关键见解和结论,甚至可能包括建议的行动方案。

有几次,我问了一些管理咨询师,他们认为专家在开始担任初级咨询师时面临的最大挑战是什么? 他们指出为归纳和演绎推理。演绎推理从数据出发得出结论,归纳推理从结论出发,然后根据数据对结论进行合理化。科学交流通常包括演绎的情节,即专家与其他专家在对等的基础上进行互动。与此形成对比的是,咨询师们需向那些不具备领域专长且支付高额费用的执行官员提供研究见解和建议。

归纳推理的目的是让每个人快速进入状态,避免不是专家的人在大量数据密集演示中迷失[144]。听众之所以听咨询师的陈述,并不是因为他们与科学有关,而是因为咨询师会提出一个行动方案,这一方案可能会影响他们的职业生涯甚至个人生活。通过预先陈述结论,咨询师并不是灌输一个充满激情的科学家会奋力以求的悬念,而是让观众从一开始就意识到什么是利害攸关的,对他们有什么好处。无论他们的专业知识是什么,咨询师都可以帮他们找到支持数据。

归纳推理的另一个广受欢迎的好处就是尽早提出案例(电梯运行[145])并控制细节的深度[145]。演示文稿是咨询价值主张的第一次具体化(按时间顺序总是先于实施工作),因此需要受众的支持[144]。从最重要和最具影响力的结论开始,咨询师可以衡量受众的接受程度,并根据他们的反应来调整讨论的深度,受众的反应通常表现为接受建议的行动路线、无动于衷、极力抵制。

2. 结构—解释结构、遵循结构

总结摘要之前或之后应该有一个提纲,也就是陈述的结构。无论该结构是否是假设驱动的,都应该以提前与客户讨论并达成一致的问题为出发点。从最初的问题陈述中引出问题链应该是一个清晰的、令人信服的结构,以便听众能够理解、容易掌握和认同。

问题链采用的精确形式可能会有很大的不同,但它应该始终建立在原始问题声明的基础上,并遵循问题和子问题的 MECE(互斥完备)框架。第 5 章介绍了一种建立问题链的方法。演示文稿的其余部分从这个 MECE 结构中延伸出来,用不同的幻灯片处理不同的问题和子问题。这一演示文稿结构使咨询师能够根据观众的反应控制细节深入的程度;听众遵循这一路线图,而咨询师则一路引导他们。

我们邀请了一些咨询师在 MIT① 上就"构建平台"的主题进行研讨,他们提出了坐标轴中水平和垂直故事的有趣概念。演示文稿标题的顺序决定了水平维度。综合来看,这些标题应该可回溯到预先提出的结构的主要问题。相反,演示文稿中的内容是挖掘子问题和支持证据的垂直故事轴。水平—垂直故事轴的概念为如何适应观众提供了一个简单的策略。

3. 保持简练

简洁是训练有素的咨询师和杰出领导者的特征[146]。演示文稿应该以最清晰、最令人信服的方式向观众传达思想。图表的目的是传达数据,它既不是修辞,也不是表演[144],每张图表样例都只能带来收获。

4. 使用(简单的)视觉效果

使用展品是一种论证信息的有效方式。例如,调查结果可以很容易地用一张简单的图表来概括,而一张写满项目符号的幻灯片会成为额外的负担。一张图胜过千言万语。如果用一系列的要点而不是图形来展示信息,就意味着可能显示不出足够的支持数据,并给人一种印象,为节省大家的时间,这条信息本可以放在事先的备忘录中[144]。咨询师们之所以以口头形式呈现这些演示文稿,是因为他们收集了大量数据,并将其归结为一些关键的见解。图形可以用作连接数据和消息的桥梁,应同时显示消息和数据链接[144]。

每一个可视展品最好只传达一条信息。有时候,把同一个图表展示几次,用不同的信息突出显示不同的部分,这比要求观众从一个图表中吸收多个要点要好得多。对于视觉辅助(3D 情节、动画):越简单越好。可视展品不应该妨碍

---

① 2015 年 9 月 1 日,麻省理工学院博思·艾伦·汉密尔顿咨询工作室(公开活动)。

信息。

让我们用通用的最佳实践来结束这一节：将重要信息放在幻灯片的顶部,使用大文本字体、大图像、每张幻灯片表达一个图形和一个想法、每张幻灯片少于20个单词[144]、不同类型的视觉效果、高对比度的颜色和简单的过渡。

5. 文档来源

演示文稿中的数据源可以采用简单指针的形式(例如,发布数据的组织名称＋发布日期),甚至小字体脚注也可以重新定向到附加的源列表,但它们的存在是必不可少的。数据源赋予了咨询师的可信度,并代表了流行的数据驱动方法。然而,令人惊讶的是,咨询师们经常忘记指出他们的信息来源①。由于同行评审科学沟通的本质,这是接受过博士培训的咨询师的一项与众不同的技能。在研究本书的过程中,我意识到在毕业前进入咨询行业的专业人士无处不在,现在他们采用了一种纯粹叙事的沟通方式:有些书中,包括流行的纪实论文,充满了由咨询师撰写的关于数据驱动方法的建议,没有引用任何来源！正如弗伦奇和贝尔[7]所建议的,咨询师愿意实践他们所宣扬的才是明智的。

4.6.2 交付演示文稿

1. 遵循结构

准备一个结构良好的演示文稿是成功的一半。这显示了咨询师的专业精神,并可增强了他/她的自信。如前所述,归纳推理使咨询师能够度量听众的接受程度,并在演示期间调整展示粒度级别。

对于其他通用最佳实践:编写一个内存脚本,每张幻灯片展示2~3个要点[144],每张幻灯片不超过2分钟,并准备一些个人或滑稽的故事来打破僵局。

2. 避免意外

客户的参与是先决条件。在陈述前达成共识会增加观众接受咨询师建议的机会。事实上,通过与听众在一对一会议或电话的亲密关系中讨论关键的见解和结论,咨询师可能比在正式的小组会议中更容易收到反馈并解决潜在的问题。每次与一名听众沟通,所有这些努力都为实际的演示提供了支持。

如果必须在会议期间做出重大决定,咨询师就应该在演示开始之前,尽可能多地寻求关键决策者的支持[144]。提前披露一些迫使决策者改变计划的信息并

---

① 这并不是说应该以任一种正式(学术)格式参考数据源。但是在一些咨询师中存在一个经常发生的现象,即他们的表述中完全缺少数据的出处。数据来源是必要的。至于格式,使用简单的指针(发布数据和数据出版机构的名称)是咨询陈述的一种较好的实践方式。

不能确保听众接受,但至少增加了听众参与建设性讨论的机会,并最终使他们接受咨询师的建议。

3. 适应受众

咨询师:让我告诉您我认为问题出在哪里。

客户:谢谢,不过我认为我了解问题所在。

咨询师:好吧,那我就不需要浪费您的时间来告诉您您的问题是什么了。我们把前几页仔细看看,然后直接看解决方案。

——改编自参考文献[144]。

灵活并且尊重受众是客户—顾问互动的优先事项。如前所述,使用归纳推理构建演示文稿是一种有效的方法,可以使讨论的深度适应观众的反应,无论这种反应是支持、无关紧要还是极力抵抗。适应受众还需要了解期望、目标、背景、倾向的风格和语言。在演示时,咨询师可以突出工作结构的不同方面并调整风格和语言。以下是咨询师在客户会议之前可能需要考虑的有用的受众属性清单:

(1)期望:主要客户,中级客户,财务经理,运营经理;

(2)背景:经理,行政人员,科学家,专家,销售人员,IT 人员;

(3)风格:正式还是非正式,技术化还是简化,亲密还是分离;

(4)语言:蓝领还是白领,心态,首选术语。

第5章

咨询案例的结构

5.1 如何设计定制化结构

1. 两难困境

咨询行业从业者常遇的难题是，多大程度上依赖预先定义的框架。什么时候这一框架能够不以"放之四海皆准"为标准，根据具体问题进行了具体分析？如何达到遵从统一标准和适应个体情况的平衡？[①]

由于对 MECE(相互独立、完全穷尽，又称为枚举分析)框架[88]没有一个明确的评判共识，因此，定制化案例结构的设计往往会成为候选人在案例面试中失败的常见原因。有些咨询师就公开建议避免采用现有结构框架，而应开发多方面、结构化的方法，仅参考借鉴现有结构框架和经验，将其作为设计定制化案例结构所必需的基础模块。(作者在麦肯锡的一次社交聚会上就曾听到一位咨询师如此建议[147])。与之相反，另一些顾问认为应对此问题，行业还未形成一个统一的解决方案。

本章5.2~5.8节中提到的参考框架将有助于设计定制化案例结构。虽然许多咨询师都认为其他类型的论述也都受到教条主义的影响(有多年咨询行业经验的从业者倾向于相信直觉和创造力)，但对于初学者来说，最好的方法是广泛地学习常见的框架结构。本节提供了关于定制框架的建议，而5.2~5.8节提供了一整套在过去得到成功验证的高级思维路线图。

2. 定制框架

在第4章(4.6.1节)中阐述的归纳推理概念是设计定制化案例结构的关键。一个定制化案例结构对应于问题逻辑树，可以通过以下五个步骤进行构建：

---

① 关于管理咨询中大数据的出现所带来的商品化浪潮的相关讨论，见第1章(第1.3.2节)。Springer International Publishing AG,Springer Nature 2018 J. D. Curuksu,数据驱动，专业管理,https://doi. org/10. 1007/978 - 3 - 319 - 70229 - 2_5。

步骤一:定义一个关键焦点问题。

这一初始问题应当与客户一同精心设计。

步骤二:头脑风暴关键子问题。

第二步是定制化工作的开始。一个典型的错误是跳过步骤二~步骤四,直接按照相关建议采用5.2~5.8节中所介绍的常用框架结构。事实上,在框架结构设计中,所有的子问题都应当与关键焦点问题相关,以便顾问能够轻松"阐述",也就是说,子问题与关键焦点问题的关系应当在将框架提交客户时清楚地展现出来。与此同时,顾问应当努力平衡以下关系:有效的头脑风暴和正确地选取相关意见,常见的框架结构和顾问个人的经验将有助于相关工作。

步骤三:在枚举分析法范畴内通过子问题聚类构建问题树。

第三步包括对第二步收集问题的处理。目的是避免冗余并明晰内容。步骤二和步骤三是相互递归的关系,因为步骤三有助于发现缺失的问题,然后返回到步骤二。

步骤四:确定问题和子问题的优先级。

第四步包括对第三步所选择问题的优先级进行排序,通过在合理的时间范围内收集和分析数据,以优先处理最为重要的问题。

步骤五:提问收集事实并验证(或证伪)所提假设。

第五步,收集事实和数据,这一步是研究工作的真正开始。步骤二到步骤四中所设计的结构框架将成为在研究团队中分派工作任务和评估项目进度的标准。

3. 假设生成

关键焦点问题以及子问题通常被称为假设,这是一种更为直接的归纳推理形式,从研究人员基于其经验或专业知识提出直觉性假设答案开始,通过收集事实来验证(或证伪)这一假设。假设生成方法经常被使用,因为它会使研究方向更聚焦,从而能更有效地收集数据。

4. 客户偏好

在设计框架结构时,避免过度遵循客户意见同样十分重要[144]。管理咨询成功的关键因素是对问题无偏见且深入的调查分析。即便商业经验和敏锐的直觉能够帮助确定某些调查分析的优先级,但好的咨询诊断意见必须基于事实和数据基础。

在后续章节(5.2~5.8)中,我们将介绍一整套框架结构,以帮助咨询从业者解决在工作中可能遇到的难点问题。"放之四海皆准"的建议是根据参考文献[18,19,46,100,148-150]和个人经验进行设计的;盈利框架、定价框架、合并与收购框架根据参考文献[100,148-150]进行改写;运营框架、增长与创新框架根据参考文献[18,19,46,47,100]进行设计;风投和初创企业框架根据参考文献[18,47,100,151,152]和个人经验进行设计。

5.2 "放之四海皆准"的建议[①]

详见表5.1。

表5.1 "放之四海皆准"的建议

商务案例		
行业	竞争对手	客户
增长	分享份额	能力
消费者:	竞争基础	资金
—细分市场	价格	产品:
—特征	竞争反应	—细分市场
—需求	新晋者	—差异性
—盈利能力	趋势	—盈利能力
—趋势		—趋势
行业壁垒		P&L(损益表)
风险		最佳实践
		价值链

1. 行业

·行业发展情况如何？与行业平均水平相比,客户的增长情况如何？

·定义客户的细分市场(如按人口属性、心理属性或工作进行统计划分[②]。每个细分市场的典型需求以及要解决的问题分别是什么？

·每个细分市场中,客户实现顾客需求的情况如何？

·哪些细分市场最具盈利能力？最近发展情况如何？

·主要的行业门槛有哪些？(如资金需求、法规、分销渠道、知识产权)

2. 竞争对手

·市场份额是多少？最近的发展情况如何？

·竞争的主要方面是什么？

·客户的价格是否与竞争对手一致？

·竞争的反应如何？

---

① 这也被称为"一刀切",所以当心！

② 参考文献[18 - 19,47]中介绍了要完成的工作的概念,第3.2节也进行了描述。

· 最近是否有行业新晋竞争者？
· 近期的竞争对手是否发生了变化？（如价格、产品、营销、战略）

3. 客户

· 客户的能力和缺陷是什么？（如资源、过程、价值）
· 客户的财务状况如何？现金储备如何？
· 差异性产品是什么？这些产品的市场表现如何？
· 客户的产品与竞争对手有何区别？
· 哪种产品盈利能力最强？
· 不同的业务部门近期发展情况如何？哪些产品最有潜力？
· 成本和收入情况如何？其与竞争对手相比如何？
· 价值链如何运作？在运行、供应、配送上有问题吗？

5.3 盈利框架

详见表 5.2。

表 5.2 盈利框架

盈利问题			
范围	收入	成本	自定义树
行业	收入来源：	成本分解：	增长情况
原因：	—产品单价	—固定成本	组织情况
—目标	—产品销量	—单位成本	尽职情况
要素，程度：	百分比	—产量	其他
—产品	趋势	趋势	
—商业模式	收支平衡	收支平衡	

1. 范围

· 行业发展情况如何？与行业平均水平相比，客户的增长情况如何？
· 市场份额是多少？近期发展情况如何？
· 目标是什么？
· 产品是什么？
· 客户的商业模式在市场上如何运作？和市场上其他商业模式的区别在哪？

2. 收入

· 收入来源是什么？
· 定义细分市场。（例如，按产品线、客户细分市场、分销渠道或地理位置

进行细分）

- 对于每个细分市场,产品单价和销售量分别是多少?
- 每个细分市场占总收入的百分比是多少?（确定高收入产品）
- 收入来源及其占比最近有何变化?产生变化的原因是什么?有何异常状况?

3. 成本

- 如何成本分解?
- 固定成本和投资是什么?
- 单位产品的可变成本和产量是多少?
- 最近成本变化情况如何?产生变化的原因是什么?有何异常状况吗?

4. 自定义树

上述分析对客户的利润问题进行了定量阐释,且指明了问题潜在的根本原因。基于这些判断,该任务将进入一个更为定性的调查阶段,以更好地发现导致表征问题的内部及外部因素,并寻求定制化的解决方案。

5.4 定价框架

详见表5.3。

表5.3 定价框架

定价策略			
范围	成本分析	竞争分析	经济性分析
目标:	可变成本	差异化	工作完成情况
—短期	固定成本	价格	市场支付意愿
—长期	盈亏平衡	成本	市场规模
管理水平:	分析	战略	
—内部战略		竞争对手的反应	
—对相关要素的反应:			
—供应商			
—市场			
—竞争对手			

1. 范围

- 客户的动机是短期回报（尽快增加利润）还是长期回报（增加市场份额）?
- 该案例中,是客户主动调整内部增长战略,还是客户对外部事件做出反应?

2. 成本分析

- 可变成本、固定成本和投资分别是多少?

· 最近成本变化情况如何？产生变化的原因是什么？

· 不同价位的盈亏平衡点是什么？

3. 竞争分析

· 产品与竞争产品和替代产品相比如何？

· 竞争产品和替代产品的价格是多少？

· 有关于产品成本的信息吗？它们的定价策略如何？

· 思考竞争对手将如何应对我们提出的策略。

4. 经济性分析

· 产品涉及顾客的哪些需求？产品试图解决哪些问题？

· 思考顾客愿意为此产品支付多少费用。

· 市场总规模是多少？能确定潜在非消费市场或当前过度服务的市场商机？（例如，颠覆性创新[18]或蓝海[77]，详见第 8 章）

· 该行业处于发展周期的哪个阶段？

5.5 运营

详见表 5.4。

表 5.4 运营

运营事项			
商业模式	价值链	基准点	行动计划
行业：	采购：	竞争者：	重大事项：
—趋势	—供应商运输	—单位成本	—控制系统
—价值网络	—仓储/转运	—数量	—创新再造
—法规	加工：	—成本效率	—兼并与收购
组合/战略业务板块	—生产工艺	—趋势	—预算
差异化：	—维持费用	创新：	—降成本
—竞争基础	交付	—技术	—裁员
—市场份额	（例如,包装）	—产品特点	
能力	营销：	—商业模式	
	—促销		
	—销售渠道		
	—客户支持		

1. 商业模式

· 行业整体情况如何？客户在本行业中的表现如何？

· 客户的产品涉及其消费者的哪些需求？这些产品想解决什么问题？

· 该行业是否涉及某些重要法规？

· 概述战略业务板块和产品组合。

· 客户将采取何种竞争？（策略差异化、成本领先、聚焦）

· 市场份额是多少？近期发展情况如何？

· 客户的能力和缺陷是什么？（资源、加工、价值）

2. 价值链

· 如何运营采购、加工、交付和营销活动？

· 价值链中每项活动所占单位成本是多少？

· 当前促销手段和销售渠道的成本效益如何？

3. 基准点

· 与竞争对手相比，价值链中每项活动的成本和效益如何？

· 能否在组织内部或外部找到提升其业务潜力的创新理念？

4. 行动计划

上述分析提供了一系列针对运营的改进见解。基于这些见解，任务可以进入以行动为导向的调查阶段，更加深入研究那些具有最大化价值和最小化运营成本潜力的创新活动。

5.6 增长与创新

详见表5.5。

表 5.5　增长与创新

增长策略			
市场机会	客户能力	策略清单	行动计划
前景：	差异化	选项：	管理：
—趋势	组合/战略业务板块	—涨/降价	—辅助采购
—成功因素	运营	—动态价格	—联盟
—法规	创新	—更改产品线	重大事项：
消费者：	财务	—更改包装	—预算
—细分		—更改规格大小	—组织
—潜力		—更改配售	—策略
—市场规模		—增加服务	—信息化系统

（续）

竞争者：		—增加营销	—培训体系
—市场份额		—创新产品	—管理体系
—竞争基础		—创新模式	风险分析
—价格		—模式再造	
		—建立联盟	
		—收购竞争者	
		—多元化	

1. 市场机会

· 行业整体情况如何（如行业发展周期）？客户在本行业中的表现如何？

· 该行业的关键成功因素是什么？

· 该行业是否涉及某些重要法规？

· 如何对消费者进行细分（如按人口或心理属性进行统计划分或按工作划分）？哪些细分市场最有利可图？

· 消费者在各个细分市场中的关注点是什么，他们的需求是什么？

· 是否有潜在的非消费或过度服务的市场商机？

· 能否在组织内部及外部找到提升其业务潜力的创新理念？

· 市场规模有多少？

· 市场份额是多少？近期发展情况如何？

· 竞争活动主要基于什么？客户与竞争对手的价格一致吗？

2. 客户能力

· 客户的核心竞争力和竞争优势是什么？（资源、加工、网络）

· 客户当前的产品组合是什么？哪些产品最有潜力？

· 客户如何运营其价值链？（采购、加工、交付、营销）

· 客户的创新文化有多先进？（团队、组织、系统）

· 客户的财务状况如何？现金储备如何？

3. 策略清单

当前处境下何种策略最为适合？图 8.4 中的安索大矩阵[153] 提供了一个高水平的思考路线：市场渗透、市场开发与产品开发或多元化。

4. 行动计划

上述分析提供了一系列有关增长与创新的见解。基于这些见解，任务可以进入更突出行动导向的调查阶段，即确定执行策略的部门或组织，设计与组织对接的工作机制，对应对新技术、新规则、市场趋势和竞争反馈的相关预案进行风险分析。

5.7 兼并与收购

详见表5.6。

表5.6 兼并与收购

兼并与收购				
范围	尽职调查			展望
	客户	目标	合并后的	
动机： —市场份额 —协作优势 —多元化 —股东 —税收 —转售 行业： —职位 —参与者 —份额 —趋势 —法规	产品 消费者 价值链： —采购 —运营 —配送 —营销 文化 管理 P&L（损益表） 评估（例如,市盈率、净现值）	产品 消费者 价值链： —采购 —运营 —配送 —营销 文化 管理 P&L（损益表）	产品 消费者 价值链： —采购 —运营 —配送 —营销 文化 管理 P&L（损益表）	风险： —法律 —管控 —技术 —竞争反应 重大事项： —形成特殊单位 —取得支持/形成统一的文化

1. 范围

·目标是什么？（如市场份额、协作优势、产品多元化、竞争反应、股票价值、税收优势）

·客户的产品涉及其顾客的哪些工作？这些产品能解决什么问题？

·行业整体情况如何？客户在本行业中的表现如何？

·市场份额是多少？近期发展情况如何？

·该行业是否涉及某些重要法规？

2. 尽职调查

比较客户和潜在目标之间的业务潜力,并评估并购后的业务的潜力：

·产品供应、客户群、市场份额、价值链和文化分别是什么？

·是否具备提升管理增加价值的协同机会？

·评估收入、成本、协同机会及其可产生的价值。

·使用快速价格收益率法或更合理的净现值方法[149]（充分考虑贴现现金

流、贴现协作优势和永续性因素)进行价值评估。

3. 风险与实施

是否有不利于客户整合目标公司的法律、政府管控或技术等方面的风险？竞争对手会有何反应？

组建一个获得合并双方支持和帮助的独立团队,负责监督整合,并制订激励计划,鼓励员工形成统一的企业文化。

5.8　风投和初创企业

详见表5.7。

表 5.7　风投和初创企业

创投企业			
商业模式	管理	顾客	行动计划
前景:	能力	细分市场:	改进商业模式
—价值网络	财务	—特征	吸引消费者
—竞争	当前组合:	—潜力	重大事项:
—成功因素	—潜力	—趋势	—获取资助
—市场壁垒	—差异化	创新:	—编制预算
进入策略	—价值链	—技术	—合作伙伴
运营	适应性	—产品特色	—管理体系
定价	损益表预测	—商业模式	
		市场规模	

1. 商业模式

· 客户的产品涉及顾客的哪些需求？他们想解决什么问题？

· 客户将采取何种竞争策略？(差异化、成本领先、聚焦)

· 主要参与者的市场份额最近如何变化,成功的关键因素是什么？

· 进入行业的主要壁垒有哪些？(资源、法规、分销渠道、知识产权)

· 自主创业、并购、加入创投企业这三种模式各有哪些优势和劣势？

· 客户将如何运营其价值链？(采购、加工、交付、营销)

· 客户将如何为产品定价？

2. 管理

· 对管理团队的信任和管理团队的能力体现在哪里？

· 客户的财务状况和现金储备如何？

· 可以采取何种资本结构（债务与权益）和资金分配方式？

· 客户当前的产品组合是什么？哪些产品最有潜力？

· 客户相对其竞争对手的差异性体现在哪里？

· 当前的运营工作是否会从新业务中受益？

· 新业务如何与产品组合的其他部分相适应？（协作、互补）

· 预测成本和收入，以计算不同时间范围的预期投资回报率。

3. 消费者

· 明确消费者细分市场（如按人口或心理属性划分，或按工作划分）。哪些细分市场最有利可图？

· 能否在组织内部及外部找到提升其业务潜力的创新理念？

· 市场总规模是多少？能否确定潜在非消费市场或当前过度服务的市场商机？（例如，颠覆性创新[18]或蓝海[77]，详见第 8 章）

4. 行动计划

上述分析能够帮助咨询师更好地了解客户、竞争对手、创新者以及客户创投企业的整体潜力。基于这些见解，下一步将进入任务完善和实施阶段：即对客户企业的资源、流程和价值观进行审查，将新功能集成到业务模型中，通过调查和促销活动（如免费试用、演示）与顾客进行接洽，阐明相关事项在整个行业价值网络中的重要作用。

第6章

数据科学的原理：入门

目前除了那些主修统计学和数学专业的人之外，几乎所有人都对这两个专业望而却步。有的读者可能会考虑是否跳过关于数据科学的章节，而直接阅读后面关于咨询策略的章节。因此，本节将从一个简单的例子开始介绍本章的统计学，说明它的重要性，以及为什么咨询师更多地使用数学的原因。

假设咨询师通过广泛调查收集了数千名客户的人口和心理统计数据，根据客户提供的过去5年所有的信用卡交易记录便获得了包括年龄、收入和抵押贷款等数字变量，以及教育、健康和旅行偏好等类别变量信息。选择客户进行培养时需要回答的一个简单的问题是：哪些是最佳的客户？"大数据"就体现在这数万条与特定收入水平、情感偏好等相关的客户交易信息中。但"最佳客户"是什么意思？潜在候选者似乎是数据库中那些购买量最大的客户。但是，在咨询团队努力了解这些客户时，希望进一步了解这些客户的特征，哪些特征又与购买水平相关或关联？例如，教育背景是否与购买水平有关？高收入客户与购买水平相关吗？能否只通过收入水平做出更好的预测，还是收入水平和教育背景的结合能给出更好的答案？哪些特征子集最能预测购买水平，可以作为团队开展策略选择头脑风暴时的良好起点？对这些预测有多少信心？

上面的问题很简单，但很重要——哪些特征与购买行为有关，相关程度是多少。但从理性看，这个问题是不可能解决的。有些数据（现金购买行为）漏掉了，有些数据（连续变量和关于是/否的二值变量）无法直接比较，并且，有些数据会变得无关紧要。这就是数据科学值得学习的原因。根据第6.2节中介绍的机器学习的数学框架[89]，如果数据库中存在一组特征与购买水平相关，置信度 $>95\%$（即 $p<0.05$），则可以利用计算机在几分钟内找到这组特征。这就是数据科学的基本任务。只要掌握了基本原理，那些通过理性推理一辈子都不可能实现的任务，计算机在一个小时内就可以完成。

1. 关于入门

这里的入门不是统计学的导论(导论至少需要一整本书的篇幅来介绍)[①]。数据科学相关章节的目标是概述商业管理中可能使用的基本数学工具和概念,以及一些典型的工作流程和应用。像其他章节一样,这些章节同样需要掌握一定常识,需要集中精力,只要具备了上述常识和毅力,这些章节中的任何内容都是可以学习的。

一个典型的数据分析项目从搜集和清理数据开始,而后构建理论来解释数据,最后根据从数据中获得的信息来得出结论和/或做出预测。接下来,无论是与利益相关者进行讨论,还是将模型应用于新数据,都属于一个理论与实践相结合的最终的提升阶段,在这一阶段,模型与现实世界的数据进一步交互。利益相关者的接受与否定,新数据应用的成功与失败,都可能产生有价值的知识和改进。正如本章后面所讨论的,由于大数据的出现和最近的信息经济革命,这种现实世界的反馈在大多数数据分析项目中得到了越来越多的利用。

2. 对公式的说明

正如流行的"一图顶万言"的说法,一个公式也可能凝练了上千字的阐述。因而,在数据科学的相关章节中我们提供了一些重要公式。但每一个公式都被归约到了其简形式,而且不含技术背景。因此,只要有足够的注意力和毅力,不论是左脑倾向还是右脑倾向的读者,都可以阅读后文内容。一个例外情况可能是,在读者期望使用多重加和符号 $\sum$ 的地方使用了积分符号 $\int$,让我们把这一问题排除在外,因为在本次讨论中加和符号 $\sum$ 与积分符号 $\int$ 是完全等效的,之所以选择积分符号 $\int$,仅仅是因为在重复多次使用时,$\int$ 比 $\sum$ 在视觉上更美观一些。仅仅是形式存在差异($\int$ 适用于连续变量,$\sum$ 适用于离散变量),不影响数据科学的介绍这一宗旨。

6.1 基本数学工具及概念

数据分析的过程通常以描述性统计的形式开始,人们试图理解和概括数据集所包含的信息[91]。最终,这一分析过程逐步发展到推理性统计,运用概率论

---

① 有人可能会推荐查尔斯·惠兰(Charles Wheelan)的《裸统计》(*Naked Statistics*),该书以简单幽默的方式介绍了整个统计领域……不需要专业技术。

（见6.2节）从样本来推断总体的性质，并做出有效预测。

一直以来，咨询师的工作属于描述性统计领域。当他们使用平均值、中值和模式等反映集中趋势的度量，或最大值、最小值、方差、标准差和五分位数等变异性度量时，他们的工作是在描述性统计领域中开展的。

描述性统计还包括数据探索的初始步骤，也就是咨询师使用可视化工具以及散点图、密度曲线和柱状图、方框图、饼图等插图时所做的工作。

最后，为了总结并加深对数据集所包含信息的理解，需要利用一些基本的基础理论，进行诸如识别特定的分布函数（如正态分布的"钟形曲线"、二项分布、指数分布、对数分布、泊松分布、伯努利分布），定义与平均值偏离一个或多个标准差的偏离值，观察累积分布（即在一定范围内的概率）等工作。

1. 交叉验证

抽样数据的收敛性通常被称为稳健性，即当从一个样本移动到另一个样本时，从数据中提取的信息的有效性如何。评估收敛性的关键挑战是需要有多个样本可用，但通常情况下这是不可能的！解决这一问题的一种常见方法是将样本细分为子样本，例如使用 k – 折交叉验证[154]，其中 k 是子样本的数量。为了从原始样本中随机、均匀地提取子样本，可选择 k 的最佳值，并通过测量标准误差评估收敛性。标准误差是从原始样本或总体中所提取的不同子样本平均值的标准差。

k – 折法具有广泛的应用前景。除了简单的收敛性检验外，它已经成为当代统计学习的关键（见6.2节和6.3节中的示例和应用，a. k. a. 机器学习）。在统计学习中，一些学习集和测试集是从"工作"集（原始样本或总体）中抽取的。最常见的 k – 折形式是70%保留，其中70%的数据用于开发模型，30%的数据用于测试模型。10 – 折交叉验证中，10个子样本中的9个子样本用于模型递归训练。n – 折（保留一个）迭代中，除一个数据点外的所有数据点都用于模型递归训练[154]。

上述方法可用于找到最稳健的模型，即通过利用集合中尽可能多的信息，来寻找整个集合中得分最高的模型。在这种情况下，k – 折法可以实现所谓的学习过程。它在模型定义过程中集成了新的数据，这一工作最终可通过机器人来实时地、永久地实现，而机器人的软件则随着由硬件设备收集和集成的新数据而不断发展①。

---

① 软硬件接口将机器人领域定义为控制论的应用，该领域由已故诺伯特·维纳发明，使得机器学习成为一个子领域。

2. 相关性

两个变量同步变化的程度是协方差,可以通过它们偏离各自均值的平均积得到:

$$\text{cov}(x,y) = \frac{1}{n} \int_{i=1}^{\overset{n}{\Sigma}} (x_i - \bar{x})(y_i - \bar{y}) \tag{6.1}$$

协方差的值很难解释,因为它的单位实际上是两个变量单位的乘积。因此在实践中,协方差可以通过两个变量各自的标准差的乘积进行归一化,这就是根据泊松分布[155]定义的相关性①。

$$\rho(x,y) = \frac{\text{cov}(x,y)}{\frac{1}{n}\sqrt{\int_{i=1}^{\overset{n}{\Sigma}}(x_i-\bar{x})^2 \int_{i=1}^{n}(y_i-\bar{y})^2}} \tag{6.2}$$

这样相关系数的值就易于解释了,因为可以方便地用 −1、0、+1 作为参考:当两个变量以完全相同的方式波动时,它们偏差平均值的平均积等于其标准差的乘积,这时 $\rho = +1$;如果它们的波动完全相互抵消,那么 $\rho = -1$;如果当给定一个变量任何波动时,另一个变量则恰好在其平均值附近随机波动,则与这些变量平均值的偏差的平均积等于 0,因此式(6.2)中的比率也等于 0。

直观地理解,两个变量的相关性是简单的边际相关性[155]。但如前(第3.2.3 节)所述,两个变量 x 和 y 之间的关系可能会受到与它们相互关联的第三个变量 z 的影响,在这种情况下,x 和 y 的关联不一定意味着因果关系,x 与 y 本身的相关性可能随 z 的函数而变化。如果是这样,x 与 y 之间的"实际"相关性称为 z 一定时 x 与 y 之间的偏相关性,其计算需要知道 x 与 z 之间的相关性和 y 与 z 之间的相关性:

$$\rho(x,y)_z = \frac{\rho(x,y) - \rho(x,z)\rho(z,y)}{\sqrt{1-\rho^2(x,z)}\sqrt{1-\rho^2(z,y)}} \tag{6.3}$$

当然,在实践中,与 z 的相关性通常是未知的,通过计算边际相关性来排除诸如是否存在强相关性等假设,具有一定参考价值,但是需要 6.2 节所述的回归和机器学习等其他分析技术,来评估这两个变量在多变量环境中的相对重要性。现在,我们姑且承认偏相关的存在,并且不会产生边缘相关理论框架实际上不能支持的谬论。对于一个完整的咨询过程,咨询师除了需要掌握简单入门知识外,还需要熟悉建模技术,因此,我们将推迟到 6.2 节进行讨论,并且在 6.3 节介绍一个具体的应用实例。

---

① 泊松相关在无约束应用中最常见。

3. 关联性

在本入门部分介绍通常用于一般目的[①]的其他类型的相关性和关联性度量是值得的，因为它们将简单相关扩展到广泛的应用场景，而不仅仅是定量的有序变量（相关系数 ρ 就是这种情况）。

互信息[156]度量两个变量之间的关联程度，既可应用于定量的有序变量（正如 ρ），也可以应用于任何类型的离散变量、对象或概率分布：

$$MI(x,y) = \iint_{x,y} p(x,y) \log\left(\frac{p(x,y)}{p(x)p(y)}\right) \tag{6.4}$$

Kullback – Leibler 散度[157]度量两组变量之间的关联性，其中，每组变量由多变量概率分布表示。给定两组变量 $(x_1,x_2,\cdots,x_n)$ 和 $(x_{n+1},x_{n+2},\cdots,x_{2n})$，多变量概率函数分别为 p_1 和 p_2，这两个函数之间的关联度为[②]

$$D(p_1,p_2) = \frac{1}{2}\left(\mathrm{cov}_1:\mathrm{cov}_2 - \ln\left(\frac{\det(\mathrm{cov}_2^{-1})}{\det(\mathrm{cov}_1^{-1})}\right) - I:I\right) + \frac{1}{2}\left(\mathrm{cov}_2^{-1}(\overline{\mathbb{X}}_1 - \overline{\mathbb{X}}_2)^2\right) \tag{6.5}$$

式中，冒号表示方形矩阵的标准欧几里得内积，$\mathbb{X}_1$ 和 $\mathbb{X}_2$ 表示每组变量的均值向量，I 表示与 cov_1 和 cov_2 维数相同的单位矩阵，即 $n \times n$。Kullback – Leibler 散度在实践中特别有用，因为它提供了一种简单方法，能将不同单位和含义的变量组合成子集，得到变量子集之间的关联，而不是单个变量之间的关联。由于可能存在前面提到的偏相关性，在使用更直接的一对一度量（如泊松相关性）时，可能会发现那些隐藏的模式。

4. 回归

欧几里得几何中包含了对商业界有用的大多数几何概念，因而，没有必要讨论这种熟悉的几何与不太熟悉的几何之间的区别，例如弯曲空间几何或平坦时空几何。但是，了解它们的存在并理解为什么熟悉的欧几里得距离毕竟只是一个概念[158]，一个非常普遍的概念，有助于对时间和空间中的点进行比较。在 n 维欧几里得笛卡儿空间中，x_1 和 x_2 两个点之间的距离定义如下：

$$d = \sqrt{\int_{i=1}^{n} (x_{i1} - x_{i2})^2} \tag{6.6}$$

其中，$2\mathrm{D} \Rightarrow n = 2$，$3\mathrm{D} \Rightarrow n = 3$ 等。需要注意，在比较现实物理空间中的两点

---

① 一般来说，本文假设变量之间为线性关系，通常在数学中称为"简单"模型。

② 式（6.5）形式上是 p_2 与 p_1 的偏离。根据 Kullback 和 Leibler[157]，无偏关联度是通过取每一个单侧散度的和得到的：$D(p_1,p_2) + D(p_2,p_1)$。

时,$n > 3$ 意义不大,但在比较多变量空间中的两点时会经常遇到。所谓的多变量空间,就是每个点(例如人)由三个以上的特征(例如年龄、性别、种族、收入 $\Rightarrow$ $n = 4$)表示的数据集。使用代数方程的优势在于,其在三维时的应用方式与在较大的 n 维时的应用方式相同。

可以很自然地从式(6.6)中推导出一种称为最小二乘近似法的方法,该方法可追溯到 18 世纪末[159],是将大量数据点(云)拟合为一个模型的伟大而简单的起点。现在让我们开始想象二维空间中的一条直线和它周围的一些数据点,大量数据点(云)中的每个数据点与直线上的每个点之间的距离由式(6.6)给出。从云中的点 A 到直线的最短路径是唯一的,并且与直线正交,当然对应于直线上的唯一一点。直线上的这一特定的点将 d 最小化,因为直线上的所有其他点都位于距 A 更远处,这一点被称为直线上 A 的最小二乘解。最小二乘近似法是一个最小化问题,其决定性因素是观测坐标值(即云中点)与投影坐标值(即线上的投影)之间的平方差(式(6.6)),称为残差。

在上面的例子中,这条线是一个模型,因为它投射了云中的每个数据点。对于复杂的对象,最终可能由大量的方程定义(可能和数据点本身的数量一样多!),而对于简单的对象,比如直线,只需要一个方程:

$$x_2 = a_1 x_1 + a_0 \tag{6.7}$$

如果建模过程中丢失的信息可看作是某背景状态(信号)周围的噪声,那么复杂程度就足够好了。

数据拟合模型(最小二乘意义)的合适度可以通过被称作确定系数的 R^2 来度量[160,161],即将模型的变化与数据的变化相关联的信噪比:

$$R^2 = 1 - \frac{\int_{i=1}^{k} \Sigma \left(x_{2ob}^{(i)} - x_{2pr}^{(i)} \right)}{\int_{i=1}^{k} \Sigma \left(x_{2ob}^{(i)} - x_{2av} \right)} \tag{6.8}$$

其中,x_{2ob} 为 x_2 的观测值;x_{2pr} 为通过式(6.7)得出的估计值;x_{2av} 为 x_2 的观测平均值;k 为观测总数,不要与式(6.6)中出现的维数 n 混淆;R^2 为观察值和预测值之间的差异之和,式中所有值都是一维标量①,因而,R^2 为标量。

为了快速理解比率 R^2 的含义,请注意分子是观察值和预测值之间的残差之和,分母是观察值的方差。因此,R^2 揭示了数据中可通过回归方程解释的变量百分比。

---

① 数学中的所有一维值都称为标量;多维对象有不同的名称,最常见的是向量、矩阵和张量。

因为考虑了两个变量，上面的最小二乘建模练习是一个二维线性回归的例子。线性回归可自然地扩展到任意多个变量中，这被称为多重回归[162]。三维（3 个变量）数据点云的线性最小二乘解是一个平面，N 维（n 个变量）是一个超平面①。任意 n 维回归的广义线性模型形式如下：

$$x_n = a_0 + a_1 x_1 + a_2 x_2 + \cdots + a_{(n-1)} x_{(n-1)} \tag{6.9}$$

其中，系数 a_k 为标量参数，自变量 x_i 为观测向量，因变量 x_n 为预测向量（也称为标签）。请注意，模型（即超平面）的维度在 n 维空间中始终是 $n-1$，因为它将一个变量（依赖标签）表示为所有其他变量（独立特征）的函数。在 $n=2$ 的 2D 示例中，式（6.9）与式（6.7）相同。

当试图预测多个变量时，模型特征集所涵盖的维度数相应减少。这种因变量是多维的回归，被称为多元回归[163]。

根据定义，超平面可以用一个方程来建模，该方程是如式（6.9）中（$n-1$）个变量的一次幂的加权积，没有复杂比率、花式算符、平方、立方、指数等。

在我们对物理世界的三维概念中，线性的概念只在一维（直线）和二维（平面）中有意义。但是出于计算目的，不需要"看到"模型，可以对任何维度的数据进行计算，其中一个维度表示一个变量。例如，在查看包含 200 个问题的客户调查结果时，可能会定义为具有 200 个维度的超空间。

因此，回归法是一种优化方法，它在降低描述数据的复杂度或方程数量后，寻求对复杂数据点云的最佳逼近。在高维度（即处理多个变量时）中，使用数值优化方法（如梯度下降法、牛顿法）通过最小化损失函数来寻求解决方案[164]。其思想与上述相同：损失函数要么是欧几里得距离本身，要么是密切相关的函数（旨在提高数值优化算法[164]的速度或精度）。

因变量与自变量之间的复杂关系也可以通过非线性方程来建模，但由于非线性系统不满足叠加原理，即因变量与自变量之和不成正比，使得模型的可解释性变得模糊。这是因为至少有一个自变量或者在回归方程的不同项中多次出现，或者在比率、幂、对数等非平凡运算符中出现。通常，其他方法比非线性回归算法更可取[165]，详见第 7 章。

5. 复杂度权衡
模型的复杂度是由其表示方程的性质来定义的，例如，选择了多少个特征来

---

① 超空间是指由三维（即三个变量）以上构成的空间。位于超空间中的平面由两个以上的向量定义，称为超平面。它在我们的 3D 世界中没有物理表示。科学家呈现"超平面"等"超"物体的方式是沿着第 4 个变量、第 5 个变量等的不同值呈现连续的二维平面。这就是为什么在多变量空间中需要严格使用函数、矩阵和张量来处理计算的原因。

进行预测,以及是否引入了非线性因素。所选模型的复杂程度取决于在欠拟合(高偏差)和过拟合(高方差)之间进行权衡。事实上,理论上总是有可能设计一个能够捕获数据点云的所有特性的模型,但是这种模型没有价值,因为它没有提取任何潜在的趋势[165],也不需要应用信噪比的概念……相反,如果模型过于简单,原始数据集中实际代表相关背景信号的信息,可能会被作为噪声过滤掉,从而导致预测时产生偏差。

信号和噪声之间的最佳状态通常不能提前预知,并且取决于具体环境,因此性能评估必须依赖于试验—改进类方法,例如,使用本章前面描述的 k – 折法。诸如 k – 折法等的学习过程使得寻求最稳健的模型成为可能,即通过尽可能多地利用该集合中的信息,找到得分最高的模型。这些学习过程还可以从实时获取的数据中学习。

6.2 基本概率工具与概念

统计推断[166]和概率论[167]属于预言预测领域。当构造回归线并用于预测因变量(式(6.7),或一般情况下的式(6.9))时,目标从简单描述转变为概率推理。概率论中一个关键的基本假设是,所研究的数据集可以看作是从更大数据集(时间和/或空间)中提取的样本,因而可以提供有关更大数据集(时间和/或空间)的信息。

1. p 值的概念——如何检验假设

统计假设检验是数据分析中最常见的工具之一[166],这是一种用于确定给定的结果是否有效的普遍方法,如果有效,置信度是多少。有两个相关的概念:p 值和置信区间。

首先,统计检验做出一个假设(例如朱丽叶爱罗密欧),定义一个相关的备择假设,称为零假设(例如朱丽叶爱帕里斯……罗密欧的坏消息),并采用保守策略来决定哪一个假设最有可能为真。首先假定零假设为真,在该假设下,所有的变量(罗密欧和朱丽叶在一起的时间,帕里斯和朱丽叶在一起的时间等)之间存在一个概率分布,并且这个概率非零。例如,如果有一个变量是罗密欧和朱丽叶在一起的时间,那么可以合理地假设,即使在帕里斯向朱丽叶提出求婚之后,这一变量仍然服从均值为每周 2 小时、标准偏差为 30 分钟的正态分布。毕竟罗密欧和朱丽叶在卡普莱特的舞会上相遇之后,他们就彼此相识了,没有理由认为他们再也不会见面。然后,研究如果零假设为真,一组观察结果发生的可能性。在我们的例子中,如果 3 周后罗密欧和朱丽叶每周在一起 3 小时,朱丽叶爱上帕里斯的可能性有多大？

对于正态分布，大约 68% 的样本位于均值的 1 个标准差之内，大约 95% 的样本位于均值的 2 个标准差之内，大约 99% 的样本位于均值的 3 个标准差之内。因此，我们的例子中，在朱丽叶确实爱帕里斯假设（零假设）下，95% 的置信区间在 1 小时到 3 小时之间。连续三周每周观察 3 小时的概率为 $0.05 \times 0.05 \times 0.05 = 1.25 \times 10^{-4}$。因此，错误地拒绝零假设的机会 $< 0.1\%$。检验进一步得出结论，朱丽叶可能会爱上罗密欧，因为零假设在 0.001 水平上就被拒绝了。

接受/拒绝假设的合理阈值水平[168]为 0.1（10%）、0.05（5%）和 0.01（1%）。统计软件根据上述值使用不太全面的方法计算 p 值，但在处理大型数据集时效率较高。当然，理论概念是相同的，所以，如果您掌握了这一概念，计算机使用哪种方法就不会那么重要了。软件依赖于为适应不同样本分布而开发的表格比率。例如，如果只考虑一个变量，并且给出了标准偏差已知的正态分布（如上例所示），则使用 Z 检验，将期望理论偏差（标准差①）与观测偏差联系起来，而不是像上述那样计算每个观测值的概率。如果标准偏差未知，则 T 检验就足够了。最后，如果处理同时包含数值和分类（非定量、非有序）变量的多变量概率分布，则广义 χ 方检验是正确的选择。因此，在数据分析包中，通常将 χ 方检验设置为计算 p 值的默认算法。

关于 p 值的一个关键点是，它不能证明假设[169]：它只表明，一个备择假设（称为零假设，H_0）是否更可能给出观察数据和基于概率分布的假设。H 比 H_0 可能性大并不能证明 H 为真。一般而言，p 值与所检验的假设差不多[168,169]。由于假设不成立、统计不充分（即假设的分布函数）或样本偏差，即使 p 值很好，也可能得出错误结论。

另一个要记住的 p 值的关键点，是它对采样规模的依赖性[166]。在上述例子中，p 值是不容置疑的，因为有人观察了罗密欧 3 周。但如果在任何一周内，与零假设相关的 p 值为 0.05，也不足以拒绝零假设，较大的样本规模总是产生较低的 p 值。

统计假设检验（即推理）不应与决策树（见表 7.1）和博弈论的相关概念混淆。后者也用于在事件之间做出决定，但属于不太精细的方法，因为它们本身依赖于假设检验来评估结果的意义。事实上，对于每种预测模型（不仅是决策树和博弈论），p 值和置信区间都是由统计软件自动生成的。有关详细信息和说明，请参阅 6.3 节的应用示例。

---

①　如第 6.1 节所述，标准差是从原始样本或群体中提取的不同子样本平均值的标准差。

2. 关于置信区间——如何看起来可信

置信区间[91]是通过取标准差的正负倍数(右/左界限)得到的。例如,在一个正态分布的样本中,95%的点位于距离均值的1.96标准偏差内,这定义了95%置信度的区间,如式(7.17)所示。

置信区间提供的信息类型与p值不同。假设您开发了一个很好的模型,来预测员工决策时是冒险者还是保守者(=模型的响应标签)。您的模型包含十几个功能,每个功能都有自己的权重,所有这些功能在模型设计阶段都是以p值<0.01选择的。这一切都非常棒。但您的客户告诉您不想关注员工的十多个功能,只想重点关注未来员工的2~3个功能,并且快速评估(比如没有计算机)他们的冒险信心。置信区间可以帮助进行特征选择,因为它提供了分配给每个特征的权重范围信息。事实上,如果置信区间接近或包含值0,那么p值在本质上表示,即使某特性是因变量的预测因子,与其他特性相比,该特性也是微不足道的。权重离0越远,其相关特性对于预测响应标签就越有用。

总而言之,p值并没有提供关于每个特征贡献值的任何信息,它只是确认了这样一个假设,即这些特征对期望的预测有积极的影响,或者至少没有负面影响。相比之下,或者更确切地说是作为补充,置信区间能够评估每个特征相对彼此的贡献程度。

3. 中心极限定理——统计学领域的爱丽丝

作为数据科学的入门,需要介绍一个广泛应用的定理,它被称为应用统计学的基础。中心极限定理[170]指出,对于几乎每种变量和每种类型的分布,其分布的均值在大样本下始终服从正态分布。该定理是迄今为止统计学中最流行的定理(例如,χ方检验和民意选举调查背后的理论),因为许多由于缺乏变量基本分布的知识而难以解决的问题,可以通过解答这些变量均值的替代问题而部分地加以解决[91]。事实上,该定理表明,任何变量的均值的概率分布都是完全已知的,是一条正态钟形曲线,或者说几乎总是……

4. 贝叶斯推理

统计学中的另一个重要概念是条件概率和贝叶斯建模[167]。事件概率的直观概念是一个简单的边际概率函数[155]。但是对于6.1节中描述的边际概念与条件相关性概念,变量x的变化可能受到它与另一个变量y的关联的影响,并且由于y有自己的概率函数,它对x的影响不是静态的,而是概率的。y已知时x的实际概率称为y一定时x的偏概率:

$$p(x \mid y = \frac{p(y \mid x)p(x)}{p(y)})\qquad(6.10)$$

其中,只有当两个变量完全独立(即它们的相关性$\rho(x, y)$为0)时,$p(x)$和

$p(x\mid y)$ 之差才为 0。

在不进一步详细讨论的情况下，了解大多数预测建模软件允许用户在建模时引入依赖性和先验知识（事件 x 的先验概率）是很有用的。这样做时，鉴于您已经知道影响（例如，如果您知道一个客户每天都购买《华尔街日报》，那么该客户也购买《经济学人》的概率不是世界平均水平，而是接近 1）和变量之间的相互依赖性（相关性），您将能够计算出概率（事件 x 的后验概率）。

6.3　数据探索

一项数据科学项目的发展涵盖多个标准阶段[171]，主要包括收集、探索、清理、处理、综合和完善。

前三个阶段，收集、探索、清理为数据准备阶段，该阶段支持并先于数据集的处理和综合洞察阶段。

1. 收集

数据收集通常包括从总体中抽样。实际总体可能会有明确的定义，例如，当对选举活动进行投票时，或者更具概念性的例子，如在天气预报中，某个州的 t 时刻是样本，该州未来所有时间是总体。

统计抽样本身就是一门学科[172]，面临着许多挑战，其中一些问题在第 3.2.3 节介绍调查时进行过讨论。例如，数据收集过程中的径向和选择偏差通常运用径向分层抽样和计算机模拟等不同的随机抽样技术来解决[173]。计算机模拟将在 7.3 节介绍。

2. 探索

数据探索的主要目标是做出选择。任何数据科学项目开始时，需要对每个变量的性质做出选择，特别是要回答以下问题：该变量是否具有潜在的启发性？如果是，该变量可能服从的概率分布函数是什么？

数据探索一般将常识与描述性统计工具相结合，包括可视化工具和加强对数据理解所必需的基本理论基础[91]，例如识别特定的分布函数、定义外部对象和观察累积函数等。读者一开始可能会感到困惑，因为它与人们心目中的数据处理阶段重叠。事实上，数据探索是一个永无止境的过程：在数据科学项目中，整个建模过程使任何阶段收集的信息都可能产生有价值的改进，并反馈到模型中。

但是让我们尝试定义这一初始的数据探索阶段的边界，可以根据数据分析项目的总体目标来定义初始数据探索阶段的目标和界限。事实上，咨询师为了解决和回答客户提出的问题,必须选择适合上下文和语境的通用建模工具。这一选择可以通过专家直觉给出,对于非专家,方便起见,可选择第 7 章所述的机器学习框架。该框架全面地(见表 7.1)组织了一些主要的可用算法,每种算法都有特定的优缺点和约束条件。例如,最有效的预测建模算法仅适用于概率分布函数为正态分布(即高斯[174])的输入变量。因此,表 7.1 中提出了数据探索的具体需求。例如,当我们知道可以尝试表 7.1 和第 7 章中的哪些方法时,就可以认为数据探索阶段已经完成!

3. 清理

数据清理解决丢失数据、非格式化数据、冗余数据、过嘈杂的数据以及不同数据源和格式之间的兼容性问题。丢失数据的问题通常是通过确定可观测数量的合适阈值,并将该阈值用于所考虑的每个变量来解决的。如果所考虑的任何样本的观察数量低于此阈值,则丢弃该变量。

非启发性变量通常可通过遍历数据集中每个变量的含义来检测,例如,一项调查的登记日期或"出席与缺席"记录通常不具有启发性。调查问卷中包含的信息很有用,但是否有人参加了此次调查很可能没有用,因此,可以去除这一非启发性变量,这有助于降低模型复杂性和总体计算时间。

通过计算变量之间的边际相关性(式(6.2)),通常可解决冗余和噪声过大的数据问题。这样做的目的不是要证明任何相关关系,而是过滤掉那些不相关的关系。例如,如果两个变量的边际相关性大于 0.95,则其中一个变量提供的信息应被视为冗余信息。只要数据集不变,这一点就会保持不变。如果项目只基于该数据集包含的信息开发一个模型,那么 Bayes 规则(式(6.3)和式(6.10))就不适用,这样,就没有东西会改变 0.95 的整体边际相关性。当一个特征性与响应标签的相关性小于 0.05 时,情况也是这样:在一天结束时,没有任何东西可以改变数据的总体特性。

因此,在项目开始时,只需查看变量与响应标签的边际相关性 ρ,就可以检测和消除非常冗余(ρ 过高)或噪声(ρ 过低)的变量。这样做可以节省很多时间,类似于数据科学中的 80/20 规则[175]①。

最后但同样重要的是,在数据分析和模型设计之间的接口上,处理大规模数据(又称大数据)的科学家所面临的最大挑战如今越来越少地围绕着数据生产,但越来越多地围绕着数据集成[59,65]。重要的挑战是将价值网络中不同数据源、

---

① 80/20 规则,或称帕累托原则,是商业和经济学中常用的一个原则,它指出 80% 的问题都是由 20% 的原因引起的。它最初是由已故的约瑟夫·朱兰提出的,他是 20 世纪最杰出的管理顾问之一。

不同格式、权重和含义的数据进行整合。在 21 世纪的前 25 年,多数情况下还没有可靠的标准或准则来评估不同数据源的重要性(即衡量不同数据源),也没有整合不同数据格式的标准或准则[176]。大多数情况下是依赖于直觉,这是不理想的,因为根据定义,大多数领域专家专门从事一些产生特定数据源的活动,而不专门从事所有这些数据源起源处的"所有活动"[65]。

　　量化不同数据源的效用以及数据集成,已经成为多数现代数据科学项目的重要目标,而不仅仅是一个初始步骤。能够更好地集成到给定模型中的工程数据或元数据本身可能要依赖于模型和模拟,这些方法将在下一章中讨论。

数据科学的原理：高阶

本章介绍高级数据分析的原理和应用程序。让我们先回顾一下本章之前的目标和进展。在第 6 章中,我们定义了一些数据分析中的数学基本概念。研究分为两类:描述性统计和推论统计。在数据科学研究中,这两类分别被称为无监督建模和监督建模。这两类是普遍存在的,因为数据科学的目标总是(请允许我这样说)更好地理解数据,或者预测事件。因此,第 7 章将继续按照数据科学的两个目标开展研究,有些章节内容(如计算机模拟,第 7.3 节)可用于收集和理解数据,也可用于预测事件,甚至可以同时完成收集和预测两个任务。

为了更好地理解数据,数据科学家可能会致力于两个方面的工作:一是转换数据描述方式(即滤波和降噪,见第 7.1 节),二是重新组织数据(见第 7.2 节)。在这两种情况下,当检测到的信号与噪声降低时,数据复杂性也就会降低。数据科学家可以采样或预测新的数据点(计算机模拟和预测,见第 7.3 节)。更普遍地说,可以通过统计学习来完成根据各种复杂输入数据开展的事件预测(机器学习和人工智能,见 7.4 节和 7.5 节)。第 7.6 节给出了统计学习在医药研发成本优化中的案例,而第 7.7 节给出了客户流失预测的案例。

目前我们的教育系统中高中数学倾向于关注关键的数学概念,很少或根本没有关注数据应用问题。而我们的大学数学则倾向于关注应用方法。这两种数学教育方式造成的后果非常明显:大多数学生不喜欢数学,在进入大学数学教育之前就放弃了数学,并对数学的作用产生怀疑? 在管理咨询中,80/20 规则非常适用(即重点介绍数学在数据分析中的应用,不过多关注于数学理论本身)。因此,书中关于数学理论的部分只包括两章。在第 6 章中,我们讨论了关键的数学概念。在本章中,我们重点关注应用方法,以及先进的相关技术。

7.1 信号处理：滤波和降噪

信号处理意味着将信号分解成更简单的分量。常用的信号处理方法有两类：谐波分析和奇异值分解。它们的区别在于可解释性，即是否预先知道原始信号的组成部分。当一组（简单）函数被定义为信号分解成的更简单的分量时，这就是谐波分析（例如傅里叶分析）。如果原始信号组成无法还原时，则必须定义一组通用（未知）数据派生变量，这是奇异值分解（例如主成分分析（PCA））。下面先来介绍最常用的一种奇异值分解方法——主成分分析法。

1. 奇异值分解（例如主成分分析法）

多变量空间中的观测（一种状态）可以看作多维坐标系中的一个点，其中每个维度对应一个变量。因此，对于给定的观测，每个变量的值就是该点在这些维度的坐标。线性代数是利用矩阵来研究坐标系统性质的科学，其中给定点的一组坐标称为矢量，多变量空间称为矢量空间。一个向量 $(x_1, x_2, \cdots, x_n)$ 表示在多变量空间中的多个变量（即维度）。

线性代数的一个基本概念是坐标映射（也称为同构），即从一个向量空间到另一个向量空间的一对一线性变换，允许在不改变其几何性质的情况下表示不同坐标系中的点。为了说明坐标映射在商业分析中的作用，先介绍一个简单的二维散点图案例，其中一个维度（X 轴）表示客户收入水平，第二个维度（Y 轴）表示教育水平。因为这两个变量是相关的，所以存在一个最大方差（在本例中，大约在 X 轴和 Y 轴之间约 $45°$ 的方向，因为收入水平和教育水平高度相关）。因此，将坐标系旋转约 $45°$ 会使 X 轴方向为最大方差，Y 轴方向相反，正交方向为最小方差。这样就定义了两个新的变量（即维度），称之为典型的买方概况（收入越高，受教育程度越高）和非典型的买方概况（收入越高，受教育程度越低）。在这个例子中，第一个新变量将传递二维空间中需要的所有信息，而第二个新变量将被消除，因为它的方差非常非常小。如果您的客户能够购买宝马，那么该客户群体可能受过高等教育且经济状况良好，或者贫穷且受教育程度低，或者介于两者之间。但是受过高等教育和经济上贫穷的客户是罕见的，不太可能购买宝马。受教育程度低但富有的客户肯定对宝马品牌感兴趣，但这个市场甚至更小。因此，第二个变量可能会被消除，因为除了外部变量之外，它不会带来任何新的信息。通过消除第二个变量，我们有效地减少了维数，从而简化了预测问题[1]。

---

[1]　在本例中，这两个变量是如此相关，以至于一个变量可以从一开始就忽略另一个变量，从而完全绕过坐标映射的过程。但是，当两个变量不是 50/50 贡献关系时（在散点图中对应 $45°$ 相关线），而是一些更微妙的关系，其中最大方差位于两个变量的非对称加权组合上时，坐标映射就变得有用了。

更一般地说,在多变量空间中的一组观测值①总是可以通过奇异值分解过程用另一组坐标(即变量)表示。奇异值分解法是一种常见的特征值分解方法②。如上例所示,它沿着最大方差的正交(即独立的、不相关的)方向寻找坐标系[177]。新方向称为特征向量,沿着每个特征向量的位移量被称为特征值。换句话说,特征值表示原始观测沿着每个独立方向的膨胀量。

$$Av = \lambda v \qquad (7.1)$$

其中,A 表示 $n \times n$ 协方差矩阵(即由公式(6.1)得出的 n 个变量之间的所有协方差的集合),v 表示维数 n 上的一个未知向量,而 λ 表示一个未知的标量。如果符合上述方程要求,表明通过将任意对象乘以 A 得到的变换等效于将其沿着幅度为 λ 的向量 v 的简单平移,并且存在 n 对(v, λ)。这是有用的,因为在 n 维空间中,矩阵 A 的条目中可能包含非零值,因此转换可能比较复杂,式(7.1)只是简化为一组 n 个简单的转换。n 其中向量 v 是矩阵 A 的特征向量。

一旦计算出(v, λ)的所有 n 对特征向量③,那么最大特征值就是最重要的特征向量(方差最大的方向),因此,快速查看所有特征值的谱图(按数量级递减),能够使数据科学家轻松地选择方向子集(即新变量),发现对数据集影响最大的因素。通常特征谱包含突变的衰减,这些衰减划分了变量集信息多寡程度的清晰界限。利用特征值分解创建新的变量,过滤掉不太重要的变量,减少变量数量,从而再次简化预测问题。

特征向量—特征值分解通常被称为主成分分析(PCA[177]),大多数分析软件包都包含主成分分析方法。该方法广泛应用于信号处理、滤波和降噪。

主成分分析的主要缺点在于结果缺乏可解释性。在上面的例子中,我之所以能说出新的典型和非典型变量,是因为我们期望收入水平和教育水平高度相关。但是在大多数项目中,主成分分析被用来简化复杂的信号,产生的特征向量(新变量)没有自然解释。通过消除变量,总变量的复杂性降低了,但是每个新的变量就变成了一个由原始变量混合而成的复合变量。当建模的目标是重建一个复合信号时,该方法就不会造成任何问题(例如在嘈杂声中录制的口头讲话)。会议室里,由于不同频率的声波本质上是在原始信号中孤立采样的,对听众没有任何意义,只有原始信号和重构信号作为频率整体才对听众有意义,但当

---

① 该论断仅在某些条件下是正确的,但对于大多数实际情况来说,如果在总体中对一组有限变量进行观察,则满足这些条件。

② "Eigen"这个词来源于德语,表示"特征"。

③ 当给定矩阵存在时,用来求其特征向量和特征值的方程是 $\det(A - \lambda I) = 0$,也被称为矩阵的特征方程。

原始组成部分确实有意义时(如收入水平、教育水平),那么主成分分析定义的其他维度可能会失去可解释性,至少在解释之前需要新的定义。

　　然而,主成分分析在数据科学中仍然很强大,因为它们通常能够完成整体性的预测建模,类似于嘈杂的会议室中的语音识别,重要的是对整体响应变量(语音)的有效预测,而不是解释响应变量与原始部件的关系。

　　2. 谐波分析(如快速傅里叶变换)

　　奇异值分解信号处理方法(如主成分分析)依赖于在向量空间中定义的坐标映射。为了实现这一过程,需要在计算机内存中存储一组数据派生向量(特征向量)和数据派生位移量(特征值)。这种方法在某种意义上确实是通用的,它可以应用于所有类型的环境,但是在处理较大的数据集时,计算成本很大。第二类常见的信号处理方法是谐波分析[178],该方法应用范围较小,但与主成分分析相比速度极快。谐波分析(如傅里叶分析)定义了数据集中的一组预定义的函数,当这些函数叠加在一起时,可以精确地重新构造或接近原始信号。当某些局部特征(如周期信号)可以在宏观层面上检测到时,这种方法非常有效①。

　　在谐波分析中,多变量空间中的观测(状态)被称为谐波或频率的基本函数叠加。例如,常用的傅里叶分析[178]用 n 个三角函数(正弦和余弦)之和表示一个信号,其中 n 是数据点的数量。每个谐波由频率 k 和幅度 a_k 或 b_k 定义:

$$f(x) = a_0 + \int_{k=1}^{\sum^n} (a_k\cos(kc_0\pi x) + b_k\sin(kc_0\pi x)) \tag{7.2}$$

谐波分量 (a_k, b_k) 的系数可以很容易地存储,这大大减少了编码信号所需的总存储量/计算功率,而主成分分析中的每个分量都由一对特征向量和特征值编码。此外,信号成分(即谐波)易于解释,这与构成音乐分区的常用频率概念(这就是处理音频信号时的实际情况)是一致的。

　　为了适应不同的应用类型,已开发出几种将原始信号映射到频域的函数系列(称为变换)。最常见的是傅里叶变换(见公式7.2)、快速傅里叶变换(FFT)、拉普拉斯变换和小波变换[179]。

　　与主成分分析相比,谐波分析的主要缺点是这些分量不是直接从数据中推

---

　　① 量子理论告诉我们宇宙中的一切都是周期性的!但是,在量子水平上描述除了小分子以外任何系统的动力学都需要数年的计算时间,即使使用上一代超级计算机。这是假设我们知道如何将信号分解成一组几乎详尽的因子,但是我们通常不知道。因此,谐波分析在实际中需要在与分析直接相关的尺度上检测周期特征;这在任何情况下都是宏观的。例如,客户行为分析可以应用傅里叶分析,前提是在客户行为中能够检测到周期性特征或找出任何被认为影响行为的因素。

导出来的。相反,它们依赖于一个预先定义的模型,该模型是所选的转换公式,因此只能在宏观可检测的情况下合理地重新构造或近似原始信号的周期性特征(见第81页脚注,这些信号称为平滑信号)。

通过总结原始信号的所有组成部分,重新构造原始信号被称为合成[178]与分析(又称信号解构)。需要注意的是,公式(7.2)是一个综合积分方程,即重建信号时使用的方程。通过对高振幅频率进行积分,滤除低振幅频率,类似主成分分析的合成,减少了变量的数量,从而简化了预测问题。

相对于主成分分析,谐波分析(尤其是快速傅里叶变换)在大多数分析软件包中非常常见,是一种广泛应用于信号处理、滤波和降噪的技术。

7.2 聚类

在数据集中查找规律和隐藏结构的过程通常被称为聚类、分区或无监督机器学习(与第7.4节中描述的有监督机器学习相反)。聚类包括根据距离度量将数据点分组为子集,以便同一子集中的数据点(称为聚类)比其他数据集中的数据点相似度更高。

定义聚类的常用度量见公式(6.6)中定义的欧几里得距离,但是实际上有多少可用度量,就有多少种聚类选项。

下面介绍两种常见的聚类算法,k-均值和层次聚类。遗憾的是当前没有能够完全解决聚类的主要缺点(即根据实际情况选择最佳的聚类数量)的算法。在实践中,聚类的数量通常是预先选择的固定数量。在层次聚类中,可以根据聚类度量值的阈值,并通过算法优化,得到优化后的聚类数。但是,由于用户必须事先选择阈值,因此该算法又出现了典型的"先有鸡还是先有蛋"的问题。目前还没有人提出确定最佳聚类数量的通用算法[180]。

在k-均值聚类算法(也称为分段聚类[180])①中,通过度量每个数据点到聚类中已有点的平均值的距离,将观测值分为k个聚类。该算法从k聚类平均值的虚拟值开始,描述每个聚类的平均值(称为质心),随着算法的逐步推进,在每个聚类中增加新的数据点。

对于非常大的数据集,可以使用数值优化方法来寻找最佳聚类数量。这种情况下,分配给k个起始质心的初始虚拟值应在符合背景信息或估测范围的情况下做到尽可能准确,以便k-均值算法快速收敛到局部最佳。

---

① k可以预先固定,也可以根据距离度量阈值递归细化。

在层次聚类算法[180]中，通过评估聚类间每个数据点的连通性（也称为差异性），将观测值划分为 k 个聚类。该度量由距离度量（例如欧几里得）和连接标准（例如两个聚类之间的平均距离）组成。一旦选择了距离和连接标准，就可以自上而下（分裂算法）或自下而上（聚集算法）构建树状图。在自上而下的方法中，所有的观察都从一个聚类开始，并且在沿着层次结构向下移动时递归地执行分割。相反，在自下而上的方法中，所有观察都从自身的聚类开始，成对地向上合并。

与 k - 均值相比，层次聚类中的聚类数量不需要提前选择，因为它可以更自然地根据连接度量的阈值进行优化。但是，如果用户愿意，可以选择预先定义的聚类数量，在这种情况下不需要阈值。最终，当聚类数量达到所需目标时，计算将停止。

与 k - 均值相比，层次聚类的一个优点是结果的可解释性：当查看层次树状图时，在一个全面的框架内每个聚类及其相对位置都清楚地显示了出来。相反，在 k - 均值中，如果聚类数量太多，那么不同聚类之间的紧密性就不太可能清晰地表达出来。

大多数分析软件包都提供了 k - 均值和层次聚类算法。层次聚类在分区选项方面更加灵活（在距离度量、连接标准和自上而下与自下而上之间进行选择），相对于 k - 均值聚类有更好的解释能力。但是这两种算法仍然被广泛使用[180]，因为层次聚类算法的复杂性使得它们对于大型数据分析来说过于缓慢。在这种情况下，潜在的策略可能是从 k - 均值聚类开始，在每个 k - 均值聚类内随机抽样，然后应用层次聚类算法。同样，以上分析方法重点是服务于管理咨询，而非用于学术研究。本书将继续遵循 80/20 规则。

7.3 计算机模拟和预测

根据对预测数据概率分布的了解程度，可以使用不同的方法进行预测。数据通常是一组表征某些事件或物理对象的量或坐标，也可称为给定系统的过去、现在和未来的状态。如果对系统的所有组成部分有一个完全已知的概率密度函数，在给定的初始状态下，所有的解（称为封闭解）都能被找到。当然，目前尚无这样的函数。因此，使用数值逼近，将空间和时间离散成小的区间，并根据可用的信息，逐个计算其状态的演化。通常用于预测未来的信息包括过去状态演变的趋势、随机性（即趋势变化）和边界条件（如飞机目的地、流行病的起源、期权的执行价格、分子的低能量状态等）。自回归模型（第 7.3.1 节）可以根据观察到的趋势和过去的随机性预测未来的短期状态序列。有限差分法（第 7.3.2

节)可以通过假设马尔可夫特征(即时间 t 的状态仅取决于前一时间的状态)来构建基于边界条件的状态路径,或者通过将边界条件与近似状态概率分布的某个函数相结合来构建更详细的模型,得到状态变化曲线。相比之下,蒙特卡罗抽样(第7.3.3节)则不需要重建状态的详细过程,而是根据过去状态分布的简单参数(平均值、方差)以及驱动状态时间变化的某些函数,有效地预测未来的预期值。这种函数通常被称为随机过程,是数学、金融等许多学科的重要组成部分:因为永远无法知道状态(股票)的实际演变过程,这些过程可能包括两个影响项,其中一个是漂移项,是对确定性趋势的了解,另一个是随机项,是难以预测的多重随机因素。

7.3.1 时间序列预测

当过去的时间序列已知,想要推断未来的时间序列时,标准方法是将过去状态的回归概念应用到变量的未来状态,这称为自回归(AR)。这种自回归可以在过去任意 p 个时间步上定义(p - 阶马尔可夫假设,即只有 p 个滞后),以预测未来 n 个状态的序列,因此具有确定性。假设已知会出现由于多个随机因素导致的均值预测的波动,那么就添加一个随机项来解释这些波动。这个随机项通常是一个简单的随机数,取自标准正态分布(零均值、单位标准差),称为白噪声。

由于确定性,自回归预测和实际观察到的内容之间的差异也是随机过程,因此自回归概念可以应用于预测未来,通过基于过去均值附近的随机波动,预测未来均值附近的波动。换句话说,根据过去的波动性来预测未来的波动性。这使得总体预测不仅能捕获时间 t 的不确定性,还能捕获过去任意 q 个时间步的不确定性(q 阶马尔可夫假设)。这个术语被称为移动平均(MA),因为它说明了基于过去数据的平均值确定性预测是一个有偏差的预测方法:事实上,随着时间的推移,平均值的位置在某个过程范围内波动。移动平均的变化要根据平均值的随机过程进行确定。

最后,如果存在总体的、非季节性的趋势(如线性增长、二次增长),则平均值本身会随着时间的推移而变化,从而使过去状态的自回归权重(自回归)及其周围的波动(移动平均)永久性地膨胀或缩小。因此,如果整体趋势是线性的,可以加上第 3 项来表示相邻值之间的差异(对应于一阶导数),如果整体趋势是二次的,可以加上这些差异之间的差值(二阶导数)等。通过对时间序列进行积分(I),自回归和移动平均可以对具有稳定均值的时间序列进行推理。这就定义了 ARIMA[181]:

$$x(t) = \int^{p} a_i x_{t-i} + \varepsilon_t + \int^{q} b_j \varepsilon_{t-j} \tag{7.3}$$

其中第 1 个积分（即总和）是确定性部分自回归，另一个积分是随机部分移动平均，p 和 q 分别是自回归和移动平均的记忆跨度（又称为滞后），a_i 是自回归系数，ε_i 是白噪声（即平均值为 0、标准差为 1 的正态分布随机样本），x_t 是观测值的 d - 差分平稳随机过程。ARIMA 有许多拓展形式，例如 ARIMAX[182]（'x' 代表外部输入），该形式下自回归方程（7.3）可用于预测想要了解的变量（变量 x），以及会影响 x 变量的其他变量（如变量 z_1、z_2 等）。再例如 SARIMA 形式，该形式需要对公式（7.3）进行修改，以便考虑季节性问题[183]。

ARIMA 方法的主要限制是依赖于平稳数据（平均和概率分布不随时间而变化）和混合（经过许多时间后，状态之间的相关性消失，从而两个状态成为独立事件）[184]。确实，上文介绍的简单差分并不能确保数据的平移性。事实上，一个时间序列的平均值几乎从来没有精确地线性（或二次方等）增加或减少。因此，当在 ARIMA 中进行差分时，总会存在一定程度的非平稳性。此外，如果时间序列是复杂的，或者 ARIMAX 中变量之间的依赖关系是复杂的，那么简单的自回归方法将失效。因此，一些非参数时间序列预测方法更能有效解决以上问题，即使它们没有提供如公式（7.3）所示的输入和输出之间清晰可解释的映射函数。第 7.4 节将提出一种新的非参数时间序列预测方法（循环深度学习）。

7.3.2 有限差分模拟

有限差分方法通过迭代求解某些函数的导数来模拟状态路径，这些函数决定了状态在空间 S 和时间 t 上的概率分布：

$$\frac{\partial f}{\partial S} = \frac{f_{i,j+1} - f_{i,j}}{\partial S}, \frac{\partial f}{\partial t} = \frac{f_{i+1,j} - f_{i,j}}{\Delta t}, \frac{\partial^2 f}{\partial S^2} = \frac{f_{i,j+1} - f_{i,j-1} - 2f_{i,j}}{\partial S^2} \tag{7.4}$$

其中，动态状态 (i,j) 由时间 $t = i$ 和空间 $S = j$ 定义。通过几个例子，可以理解公式（7.4）如何在实践中使用。一个简单而常见的例子是没有关于函数 f 的任何信息。然后假设随机波动在空间和时间上是一致的，除了在瞬时 t 观测到的空间上微小的非均匀差异。这种不均匀性，在没有任何额外的合力作用于系统的情况下，将趋向于扩散，导致状态逐渐混合（即，长时间周期后状态变得不相关）称为动态平衡[184]。通常认为这种扩散过程是分子在空间中随时间的扩散[185]，温度作为均匀随机力，导致分子从高浓度区域流向低浓度区域，直到没有这种浓度梯度（热平衡）。在扩散过程中，随时间的波动与扩散方程中空间（或股票价值或任何其他度量）的波动相关：

$$\frac{\partial f}{\partial t} = D(t) \nabla^2 f \tag{7.5}$$

通常情况下,$D(t)$ 被认为是常数,即热方程。通过把公式(7.4)和(7.5)结合起来,即使对 f 一无所知,也可以根据时间 t 对应的 f 推导出时间($t+1$)对应的 f:所需要的只是给定时间 t 对应的 f 的一些值和边界条件。时间 t 观测到的空间"非均匀差"将用于计算时间($t+1$)的值,以及所有的值,通过一步步计算,得到将来任意时间的值:

$$f_j^{i+1} = af_{j-1}^i + (1-2a)f_j^i + af_{j+1}^i \tag{7.6}$$

式中,$a = \dfrac{\Delta t}{(\Delta x)^2}$,与公式(7.6)类似,如果边界条件给定,不知道初始值,而是知道最终值(例如期权的执行价格),可以写一个后向的有限差分方程,并创建一条逆时序的路径。

现在,如果有 f 的表达式,相信它近似于状态的概率分布,可以使用泰勒展开式使 f 的值与它的一阶导数①相等,并使用公式(7.4)使 f 的一阶导数与时间 t 和($t+1$)的状态相等。

$$f(x) = f(x_0) + f'(x_0)(x-x_0) + \frac{f''(x_0)}{2!}(x-x_0)^2 + \cdots + \frac{f^{(n)}(x_0)}{n!}(x-x_0)^n \tag{7.7}$$

一个常见的例子是牛顿法(常被用来求 f 的根):

$$x_{i+1} = x_i - \frac{f(x_i)}{f'(x_i)} \tag{7.8}$$

公式(7.8)是一个迭代公式,其中 $f(x)=0$,并通过在泰勒级数的一阶截尾,取 $f(x)=0$,将 x 表示为任意 x_0 的函数,分别取为 x_{i+1} 和 x_i。

接下来介绍两个具体的例子。首先,介绍金融学的一个具体例子,德尔塔套期保值(delta-hedging),其简单版本包括调用期权并同时以特定金额出售基础股票(或反之亦然),以对冲波动性,该案例与公式(7.5)非常相似(除非有外力作用于系统)。可以假设期权的定价没有套利[185],即理论上的"完美"对冲:出售相应股票,以对冲给定期权的亏损风险。这一数量取决于当前的波动性,这种波动性永远无法完全掌控,需要不断调整。因此,套利机会总是存在的(对冲基金行业的基础)。期权的理论价格可以基于无套利作为参考,这就引申出了以下布莱克—斯科尔斯期权价格演变公式(有关具体情况请参见参考文献[185],[186]):

---

① 在二阶导数后截断泰勒展开式是微积分中的一种标准做法,因为高阶项往往不重要。

$$\frac{\partial f}{\partial t} + rS\frac{\partial f}{\partial S} + \frac{1}{2}\sigma^2 S^2 \frac{\partial^2 f}{\partial S^2} = rf \qquad (7.9)$$

公式(7.9)不同于公式(7.5)，其附加项包括基础股票的波动性(标准差σ)和无风险利率r。直观地说，r是影响期权价格的一个关键因素，因为股票的波动性是被对冲的，因此无风险利率是期权价格在无套利假设下所依赖的。如前所述，可以用有限差分近似法(公式(7.4))代替公式(7.9)中的所有导数，重新构建公式(7.9)，并计算时间($t + 1$)的值，一步一步计算出直到将来某一时间点所有的值：

$$f_j^{i+1} = a_j f_{j-1}^i + b_j f_j^i + c_j f_{j+1}^i \qquad (7.10)$$

式中，a_j, b_j, c_j是移动公式(7.9)除$i + 1$项以外的所有项到公式右侧时得到的表达式。

最后，来看一个更具一般性的例子，即在化学领域的应用。它可能与在金融领域的应用一样，表示一个高维系统(即由许多变量定义的系统)且在时间上演化。如果知道每个分量的平均值和协方差(或公式(6.2)中给出的相关性和标准差)，例如每个股票的过去平均值、标准差和彼此之间的相关性，就可以定义一个函数，将多变量空间中给定状态的概率与控制所有变量之间关系的统计密度势联系起来[187]。该函数可表示为每个变量谐波项的简单和，如公式(7.11)[188]所示，假设正态分布变量之间存在简单关系如下：

$$E(x_1, x_2, \cdots, x_n) = \int_{x_1} \mathrm{cov}(x_{i1})^{-1}(x_{i1} - \bar{x}_1)^2$$
$$+ \int_{x_2} \mathrm{cov}(x_{i2})^{-1}(x_{i2} - \bar{x}_2)^2 + \cdots + \int_{x_n} \mathrm{cov}(x_{in})^{-1}(x_{in} - \bar{x}_n)^2$$

$$(7.11)$$

如果将这个密度势看作一个物理系统的"能量"函数，就知道高能不稳定状态是指数不可能的，而低能稳定状态是指数可能的(这是经典玻耳兹曼分布定律①[188]的结果)。在理论物理学中，密度估计和统计力学的概念为分析高维系统的微观和宏观特征之间的关系提供了手段[187]，例如系统的概率：

$$p(x_n) = \frac{e^{\frac{-E}{k_B T}}}{\int e^{\frac{-E}{k_B T}}} \qquad (7.12)$$

---

① 稳定状态比不稳定状态更有可能成倍增长的观点远远超出了物理系统的限制。玻耳兹曼分布律在不同领域有不同的名称，如吉布斯测度、对数线性响应或指数响应，但其概念始终相同：概率和稳定性之间存在指数关系。

式中，E 代表整个系统的密度势（能量函数）。公式(7.12)分母中的积分是一个归一化因子，表示所有状态的总和，称为配分函数。配分函数等于所有变量之间可能组合的总数，公式(7.12)仅在达到动态平衡时保持不变，这意味着模拟生成的样本应足够大，以包括所有低能量状态，因为低能量状态对公式(7.12)贡献最大。动态平衡，或称为遍历性，实际上只是一种说法，要求时间序列应包括具有代表性的总体样本，并且将所有重要的事件都纳入样本范围中。

为了生成样本，可以用熟悉的物理术语重新建立公式(7.7)：

$$x(t + \delta t) = x(t) + v(t)\delta t + \frac{1}{2}a(t)\delta t^2 + O(\delta t^3) \qquad (7.13)$$

公式(7.13)表示在时间（$t+1$）多维系统中某一点的坐标（即多变量空间中的观测状态），该坐标与在时间 t [189] 的一阶导数对应，其中 $v(t)$ 表示随机扰动（随机摩擦和碰撞），该扰动考虑了环境相关的噪声（如总体股票波动、温度波动，即任何不应突然改变的随机因素），$a(t)$ 表示通过牛顿第二定律作用于系统的力：

$$F(t) = -\nabla E(t) = m \times a(t) \qquad (7.14)$$

多变量状态 x 的变化率和该变化率的演变可以用公式(7.13)中 x 的一阶和二阶导数 $v(t)$ 和 $a(t)$ 来量化。在大型数据集中，可以指定一组初始虚拟速度 $v_0(t)$ 作为边界条件的一部分开始模拟，并通过有限差分近似在每个时间步进行更新。密度势 $E(t)$ 的导数定义了应用于坐标和速度的"力场"，即加速度 $a(t)$，如公式(7.14)所示。

与本节中讨论的所有案例一样，公式(7.13)一步步计算时间（$t+1$），以及到某一未来时间点的所有值。为了使 $v(t)$ 和 $a(t)$ 的变化率平衡并收敛到平稳值，须对系统的动力学进行大量的数值模拟[189]。在此平衡阶段之后，可以在超空间中搜索局部最优，生成随机样本，并考虑未来状态的预测。

因此，在多变量环境中的数值计算模拟技术的结果，是由所有变量定义的沿超空间随机游走。应包括沿着由所有变量定义的超空间随机行走而组成[188,189]。时间步的大小由时间分辨率高低定义，这意味着动态变量集（x_1，$x_2\cdots,x_n$）中最快的运动变化应包含在密度势 E 中[189]。在密度势可以同时计算一阶导数（梯度矩阵）和二阶导数（黑森矩阵）的情况下，可以使用确定性模拟（即遍历整个种群的方法），例如正态模式[190]。但是数值方法目前更普遍。

大多数分析软件包包括对多变量系统进行模拟和生成随机样本的算法。它们提供了许多选项来定制普通和偏微分方程（ODE，PDE）形式的过程方程。这些软件包中也包括了优化算法，如随机梯度下降法和牛顿法等。

有限差分模拟在优化、预测和随机抽样方面的主要缺点在于，选择密度势表示多变量系统[189]或演化方程（即前两个例子中的扩散方程和布莱克—斯科尔斯方程）的准确性。这种方法很难捕捉到所有变量或随机因素之间的所有复杂关系，且其所涉及的方程会非常耗时。蒙特卡罗法作为动态有限差分模拟的一种替代方法具有很强的可行性。该方法虽然无法分析单个轨迹，但如果是需要通过一些统计数据对一系列具有代表性的轨迹进行预测时，那么蒙特卡罗可能是最佳选择。

7.3.3　蒙特卡罗取样

蒙特卡罗方法被广泛用于生成遵循特定概率分布的样本[185]。该方法与有限差分法的本质区别在于（通常）不需要精确地遵循详细的时间相关路径，仅使用具有精确概率的随机数来计算。有趣的是，这种方法足以用来在实践中解决极其复杂的确定性问题的。该方法主要通过所谓的大数定律来实现，该定律能将大量试验取样的值收敛到预期值，忽略任何因素对其详细时间演化的影响[185]。当然，如果需要详细的动态分析，或者需要沿着轨迹对事件或决策进行建模，那么蒙特卡罗方法不是最佳的方法，但是该方法能够高度简化、高效地评估某些过程的预期值。

首先来看两个具体的例子，分析一下蒙特卡罗方法的主要优缺点。第一个例子在蒙特卡罗方法的所有介绍中都很常见：计算 π 的近似值。算法本质上依赖于两个成分：一个随机过程、（对一个在 0 和 1 之间均匀分布的数进行重复试验）；一个简单的期望值公式（圆面积 = $r^2 × π$）。取半径为 1，想象一个长度为 2 的正方形围绕着圆。将圆的圆心置于原点(0,0)，将 0 到 1 之间的随机数定义为圆内或圆外某些点的 (x,y) 坐标，则圆的面积与正方形的面积之比 = π/4。此比率计算难度低（圆内所有点的数都小于等于 1）。如果采样几千个点，这个比例的平均值就变得非常精确了（即根据大数定律），因为 π 等于这个比例的 4 倍，所以 π 的估计值也就计算得到了。

第二个例子展示了蒙特卡罗方法在期权定价中的应用。在这种情况下，随机过程不是 0 到 1 之间的均匀概率，而是包含更多的信息，主要是同时依赖于股票价格及其平均值的时间分量，以及依赖于股票价格及其标准差（即波动率）的空间分量：

$$dS = \dot{\mu}Sdt + \sigma Sdz \tag{7.15}$$

$$S(t + \Delta t) - S(t) = \dot{\mu}S(t)\Delta t + \sigma S(t)\varepsilon \sqrt{\Delta t} \tag{7.16}$$

式中：$\dot{\mu}$ 为预期收益；σ 为波动率。利用前面提到的扩散过程中空间和时间分量之间的等价性，公式(7.15)可以离散化为公式(7.16)，其中，ε 为白噪声，即平均值为 0、标准差为 1 的正态分布的随机样本。

公式(7.16)能够计算时间($t+1$)时的股票价值,($t+2$)时的值依此类推。这里的蒙特卡罗模拟"试验"涉及使用正态分布的 n 个随机样本为股票价值构建完整的路径。期权的收益可以在期权到期日以后的 t 时刻进行计算。当收益样本数量达到几千条时,根据大数定律,这个收益的平均值就变得相当准确[185-186]。对期权价值的估计也是如此,期权价值是使用无风险利率获得的预期回报现值,因为它对市场波动性进行了适当对冲,请参见前 1 节中的详细信息。

蒙特卡罗方法和有限差分法等其他预测方法相比,具有许多优点。首先,由于该方法基于大数定律,所以可以处理和描述更简单的复杂系统(例如,上面的例子分别是均匀过程和随机过程)。该方法在数值上是有效的,特别是对于具有多个变量的过程。蒙特卡罗可以与奇异值分解相结合,以构建相关变量的样本[185-186],这种方法在金融中非常有用,如对证券投资组合建模。运行时间随变量数呈线性增加,而对于大多数其他过程,运行时间则随变量数呈指数增加。

第二,中心极限定理(见前 1 章"统计学中的爱丽丝"部分)完全适用于蒙特卡罗方法,因为该方法模拟了大量样本,并在这些样本中取收敛量的平均值。根据中心极限定理,无论这些量的原始生成过程如何,都遵循正态分布,因此可以使用标准误差来提供一个置信区间(见前 1 章"如何看起来可信"部分)。在预测期权价格的例子中,价格 f 的 95% 置信区间由以下公式给出:

$$\mu - \frac{1.96\sigma}{\sqrt{n}} < f <= \mu + \frac{1.96\sigma}{\sqrt{n}} \tag{7.17}$$

式中:μ 为预期收益的现值;σ 为标准差;n 为蒙特卡罗样本数。

蒙特卡罗方法的另一个优点是可以用来估计每个样本中所遵循的整个路径的某些函数,而不仅仅是最终数值[186]。

蒙特卡罗方法有两个主要缺点。首先,该方法仍然非常耗时。通过公式(7.17)可以看出,为了将精度提高 10 倍,样品数量必须增加 100 倍,以此类推。其次,蒙特卡罗只提供概率概念(马尔可夫特征)合理化的随机路径,而不是模拟事件的实际序列。如果是对连续或多阶段决策问题进行抽样和模拟,有限差分法和其他动态规划方法可能更为有效。

提高性能的采样技术:

本节将介绍一些可以减少蒙特卡罗方法所需的样本数量,提高计算机模拟收敛性标准程序。分层抽样和准随机抽样是基于概率空间中均匀分布子样本的抽样"代表"值,而不是通过真正的随机试验对该概率空间进行抽样。重要性抽样将抽样限制在已知更现实或更理想的概率空间的某个区域,然后将期望值乘以根据贝叶斯规则观察到的约束概率（第 6 章中的公式（6.10））。矩匹配技术[191]是通过调整样本以匹配某些参考概率分布的平均值和标准偏差（以及高阶力矩）。控制变量过程[192]包括模拟关注量和另一个已知相似的"参考"量，并且有一个确定的（或更可靠的）解决方案。两种模拟在每一步都使用完全相同的随机数，通过添加真实与模拟参考量之间的差异来调整关注量。由于两个相似量的偏差也相似，由此提高了精度，对偶变量方法[193]中使用了类似的概念，在每一步通过取随机数的实际符号和相反符号，然后取两者之间的平均值，对关注量进行两次模拟。根据大数定律，当一个变量大于真实值时，另一个变量则较小，因此，两个变量平均值的精度会随着时间步数的增加而提高。

如果上述方法旨在减少方差，则可能得到正好相反的结果。当变量太多，以至于存在多个期望值或高概率"水平状态"时，可能需要增加方差，这被称为多极小问题。举一个例子来介绍副本交换[192,194]。有限差分抽样与模拟的不同副本之间的状态随机交换相结合，每个副本都使用不同的参数运行（例如相同的概率函数，但更高的方差、移位平均值等）。每一个随机交换的目的都是在受关注的副本[194]中提供新的起点，这样，这个副本就有机会探索复杂多维概率空间中更为多样的区域，从而识别出高概率的多个结果[192,194]。

7.4　机器学习和人工智能

机器学习是当前数据科学或预测科学中最流行的术语[194]。有监督的机器学习通常是指运用预测模型库进行预测[194]，而不是更具描述性的数据探索（第 6.3 节）。大多数描述方法本身被称为无监督机器学习。因此，几乎所有的数学都可以用机器学习的框架描述[195]。

大多数机器学习的基础工具早在机器学习这一术语出现之前就已经为人所知。读者可能从未听说过机器学习，但可能听说过这些工具：回归、假设测试、聚类、自举、神经网络、贝叶斯推理、决策树等。机器学习框架的优势在于将所有的知识整合到一个全面的、全方位的结构中。这门学科起源于机器人研究领域，模拟识别和基于经验的学习都使用了智能机器决策过程的新算法[195]。机器人领域的研究人员已在开发一个可利用所有数学工具的通用框架，它已应用在了一系列新一代的智能设备上。

7.4.1　模型和算法概述

1. 无监督方法（聚类和频谱分析）

无监督方法[195]包括前一节中介绍的所有聚类、过滤和降噪技术（如 k 均值、主成分分析法、快速傅里叶变换)。这些方法的共同点是,不需要响应变量(label)来引导和评估模型的性能[195]。无监督问题的目标是在复杂的数据集中找到隐藏的模式和信号。例如,高密度总体(簇)、高方差维度或主谐波(傅里叶)。

2. 监督方法

为了使模型符合监督机器学习算法的要求,必须从处理过的数据中学习,以做出预测[194],这与由预先定义的指令参数化的模型相反,该方法受数据的影响较大。当然,所有模型都是在某些数据(或程序员的直觉)的影响下定义的,但是为了使算法符合要求,在开发推理函数①时需要明确考虑训练数据集,即将输入变量、特征映射到输出变量、响应标签的方程。k 折法可用于定义训练集和测试集(参见第 6.1 和 7.4.2 节)。推理函数是算法试图解决的实际问题[195],因此,该函数被称为模型的假设 h:

$$h:(x_1,x_2\cdots,x_{n-1}) \mapsto h(x_1,x_2\cdots,x_{n-1}) \sim x_n \qquad (7.18)$$

式中:$(x_1,x_2\cdots,x_{n-1})$ 为一组特征;$h(x_1,x_2\cdots,x_{n-1})$ 为响应变量 x_n 的预测值。假设 h 是用来预测尚未发现的情况的函数。新情况(例如实时获取的数据)可能会定期集成到训练集中,这就是机器人进行实时记忆和学习的方式(图 7.1)。

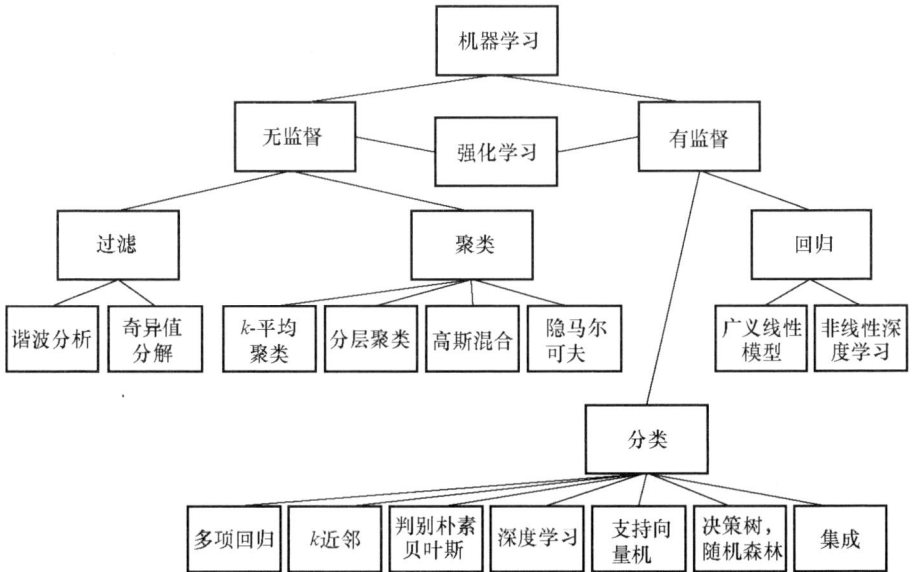

图 7.1 常用的机器学习算法

---

① 第 6.1.2 节介绍了推理的一般概念。长话短说:它表示从描述性观点到概率性观点的转变。

3. 回归与分类

根据响应变量的性质,可以考虑两类预测模型:数值(即响应是数字)或分类(即响应不是数字①)。当响应为数值时,模型为回归问题,如式(6.9)。当响应是分类时,模型是分类问题。当响应类型无法分辨时(响应可能只是几个有序的标签,例如 1、2、3、4),建议选择回归方法[165],因为这样更容易理解。

在实践中,选择一个合适的框架并不像看起来那么困难,因为一些框架具有明显的优势和局限性(表 7.1),可以尝试多个框架来评估预测的稳健性、比较性能并最终构建由最佳框架组成的复合模型。这种将几个模型混合在一起的方法本身就是机器学习的一个分支,称为集成学习[165]。

表 7.1　常用机器学习算法比较[196]

算法	精度	速度	内存使用	解释性
回归/GLM	中	中	中	高
区分	大小依赖	快	低	高
朴素贝叶斯	大小依赖	大小依赖	大小依赖	高
最近邻算法	大小依赖	中	高	中
神经网络	高	中	高	中
支持向量机	高	快	低	低
随机森林	中	快	低	大小依赖
集成方法	a	a	a	a
a:集成方法,根据用户选择的不同方法组合,得到不同效果				

4. 选择算法

本节将讨论常用机器学习技术的优点和局限性。建模算法的选择通常基于 4 个标准:准确性、速度、内存使用和可解释性[165]。然而,在考虑这些标准之前,需要考虑变量的性质。如前所述,将根据响应标签的性质(数字或分类)确定使用回归算法还是分类算法。输入变量(特征)是否包含分类变量也是重要的考虑因素。并非所有方法都能处理分类变量,有些方法具有更好的处理能力[174],见表 7.1。更复杂的数据类型,也被称为非结构化数据(例如文本、图像、声音),也可以通过机器学习算法进行处理,但它们需要额外的准备

---

①　分类变量也包括非序数,即不遵循特殊顺序而是对应于不同的标签的数字。例如,为了预测客户是否会选择标识为 5 或标识为 16 的产品,响应由两个数字(5 和 16)表示,但它们定义了一个定性变量,因为该变量既没有度量单位,也没有零值。

步骤。例如,客户可能希望开发一个预测模型,该模型可以从公司内部沟通渠道(例如过去 12 个月内所有客户的电子邮件)和公开的文章与博客(美国过去 12 个月内在《公共可用规范》中出版的所有报纸)的一系列随机文本中了解客户的情绪和兴趣。在使用机器学习之前,数据科学家将使用自然语言处理(NLP)从这些非结构化文本的语料库中提取语言概念。NLP 算法不是机器学习的替代方法,而是机器学习的增强版本,(如需要处理非结构化数据时,需要使用 NLP 算法)。

根据转化概率分布的先验知识对于选择算法的重要程度,将监督学习分为两维:参数学习和非参数学习。

参数学习依赖于特征概率分布的先验知识。回归分析、判别分析和朴素贝叶斯是参数算法[165]。判别分析假设每个特征都有一个独立的高斯分布(因此必须是数值分布)。回归分析可以为特征(可以是数值的和/或分类的)实现不同类型的概率分布。一些回归算法已经包含了所有的共同分布,即指数分布族。指数族包括正态族、指数族、双/多项式族、χ 平方族、伯努利族、泊松族和其他一些族。出于术语的考虑,这些回归算法被称为广义线性模型[165]。最后,朴素贝叶斯假定特征独立于判别分析,即从特征的任何一种先验分布开始(不仅是高斯分布),并在训练数据中所学知识的影响下计算它们的后验分布。

非参数学习不需要任何关于特征概率分布的知识。这会导致其结果的可解释性较差。通常不会用非参数算法来解释不同特征对响应标签行为的影响,但这种算法对于决策而言仍然非常有用。非参数学习包括 k - 近邻,这是一种最简单的机器学习算法,在这种算法中,特征和响应之间的映射是基于多数投票的聚类方法进行评估的。简而言之,特征的每个值都被分配给在 k 个相邻点群中最频繁的标签(如果标签是数字的,则是简单的平均值),其中 k 是预先固定的。常用的非参数化算法还包括神经网络、支持向量机、决策树/随机森林以及定制的集成方法,学习算法可以是这些方法的任意组合[165,195]。表 7.1 总结了这些算法的优点和局限性。

回归模型在处理变量的性质方面具有广泛的灵活性,并具有理想的可解释性。因此,回归模型应用非常广泛[165],它利用逐步回归方法量化了响应标签和每个特征之间关系的强度(下面将详细介绍,并在 7.5 和 7.6 节中应用)。通过回归模型最终指出哪些子集的特性包含了冗余信息,哪些特性经历了偏相关以及这种偏相关的程度大小[195]。

实际上,回归甚至可以用来解决分类问题。逻辑回归和多项逻辑回归[197]最初总是出现术语混淆的情况,因为它们确实都是分类方法的回归类型。它们的推理函数 h 的形式(form)将一组特征映射成一组离散的结果。

在逻辑回归中,响应是二元的,在多项式回归中,响应可以采用任何数量的类标签[197]。

那么,为什么不总使用回归方法呢? 在处理许多特征时,问题开始浮出水面,因为在回归算法中,一些启发式优化方法(如随机梯度下降法、牛顿法)用于评估特征之间的关系,并通过最小化损失函数来找到解决方案(即每个特征的最佳权重),具体说明见第 6.1 节。因此,使用大型数据集可能会降低结果的稳健性。这是因为当数据集太大,无法评估所有可能的权重和特征组合时,算法"会随机从某处开始"对一个特定的特性与其他特性进行比较评估,进而影响后续评估中的决策。由早期的决定(例如关于包含或删除某些给定的特性),所造成的影响,可能会一步步地导致最终预测结果的重大变化,也就是蝴蝶效应。事实上,所有机器学习算法都可能被认为是简单的概念性背离回归方法,旨在解决结果鲁棒性或重现性的挑战。

判别分析、k - 近邻和朴素贝叶斯等方法对于变量数量较少的小数据集而言,得出的结果是非常精确的,但对于变量数量较多的大数据集则效果较差[196]。值得注意的是,只有当特征呈正态分布时,判别分析才是准确的。

目前普遍认为支持向量机(SVM)和集成学习方法[165],如基于自举抽样①袋装决策树(又称为随机森林[198])综合表现是最好的。但是,SVM 只适用于仅存在两个响应标签的分类问题。对于决策树来说,随机森林既适用于分类问题,也适用于回归问题。其主要缺点是,当存在许多特征时,所生成决策树的可解释性总是很低(因为树的大小使得无法进行大局决策)。

近几年,神经网络还被其他更精确、更高效的算法(如 SVM[165])或可解释性更强的算法(如回归)所取代。但随着计算资源(如 GPU)[199]的增加,结合卷积神经网络(CNN,用于图像/视频)和重复神经网络(RNN,用于动态系统)的最新理论发展,强化学习[202]和自然语言处理[203](NLP,在第 7.4.3 节中描述)的发展,神经网络已显然回归[204 - 205]。截至 2017 年,神经网络取得了前所未有的成功,成为了目前数据科学领域最受关注的算法[203 - 205]。RNN 通常与 NLP 结合使用,学习单词序列,识别、完成和模拟人类对话[204]。深度学习神经网络和递归神经网络的结构如图 7.2 所示。首先,神经网络可以被看作是一个回归网络,即相同特征的多个回归相互补充,并由回归的回归所取代,以实现更抽象的特征空间表示。每一个神经元基本上都是由输入回归到"隐藏"状态,即输出以及非线

---

①　自举指的是对同一个数据集的连续采样,方法是在估计数量收敛之前,去掉数据集的某个部分,在本例中是一个决策树。

性激活函数。生物学意义上的神经元之于大脑,和计算机神经元之于神经网络,两者的关系有明显的相似性。

多重隐藏层的神经网络(深度学习)

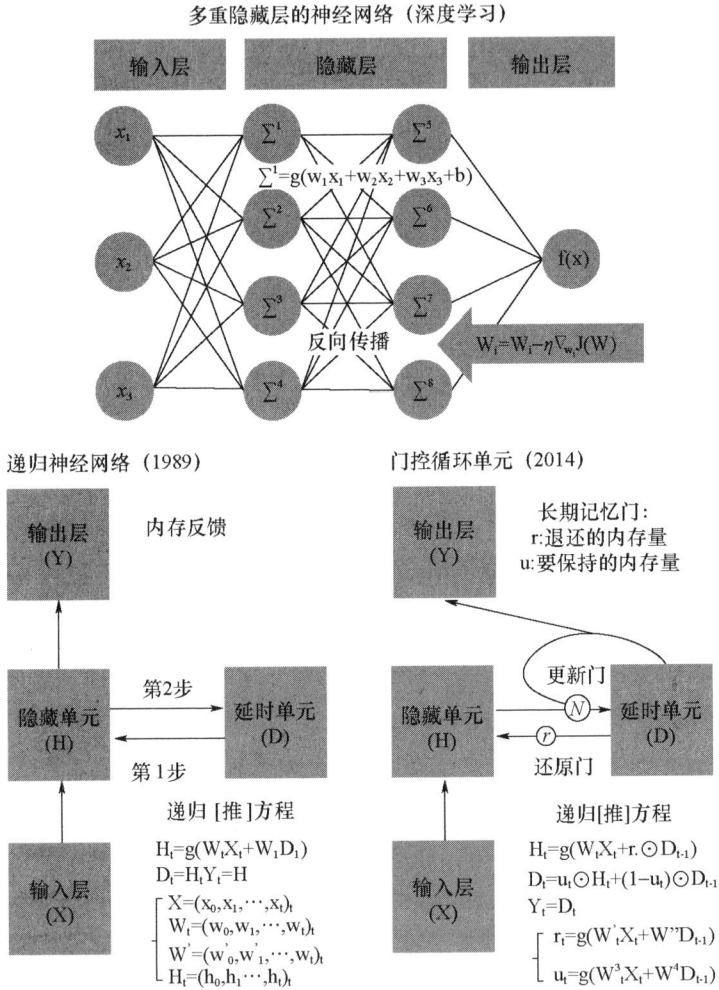

$\sum^1 = g(w_1x_1 + w_2x_2 + w_3x_3 + b)$

反向传播 $W_i = W_i - \eta \nabla_{w_i} J(W)$

递归神经网络(1989)

门控循环单元(2014)

内存反馈

长期记忆门:
r:退还的内存量
u:要保持的内存量

第2步

第1步

更新门

还原门

递归[推]方程

$H_t = g(W_t X_t + W_1 D_1)$
$D_t = H_t Y_t = H$

$\begin{cases} X = (x_0, x_1, \cdots, x_t)_t \\ W_t = (w_0, w_1, \cdots, w_t)_t \\ W' = (w'_0, w'_1, \cdots, w_t)_t \\ H_t = (h_0, h_1 \cdots, h_t)_t \end{cases}$

递归[推]方程

$H_t = g(W_t X_t + r \cdot D_{t-1})$
$D_t = u_t \odot H_t + (1 - u_t) \odot D_{t-1}$
$Y_t = D_t$

$\begin{cases} r_t = g(W'_t X_t + W'' D_{t-1}) \\ u_t = g(W^3_t X_t + W^4 D_{t-1}) \end{cases}$

图7.2 一般神经网络的结构(顶部)和递归神经网络的结构(底部);"门控循环单元"有助于解决深度学习中常见的记忆消失问题[205]

总结——需要记住,回归方法不一定总是最准确的,但却是最容易解释的,因为每个特征都被分配了权重,并具有相关的 p 值和置信区间。如果变量的性质和时间允许,回归方法值得一试。可以根据表7.1描述的优缺点来选择合适算法,这也是机器学习的美妙之处:尝试多个框架,通过评估预测的稳健性、比较性能，并最终构建最佳复合模型。总而言之，多框架集成是最佳的设计方案。

7.4.2　模型设计与验证

1．建立和评估模型

确定算法并对其参数进行优化否，建立预测模型的下一步就是对第 6.1 节中介绍的欠拟合和过拟合进行复杂性权衡，以及通过交叉验证寻找信号和噪声之间的最佳状态，即定义一个训练集来开发模型，定义一个测试集来评估其性能。有 3 种方法可供选择[165]：

（1）Hold‐out 验证：随机选择数据集的一部分（通常在 60% ~ 80% 之间）来表示训练集，剩余的子集用于测试。

（2）k‐折交叉验证：数据集被划分为 k 个子集。其中 $k-1$ 个子集用于训练，剩余的 1 个用于测试。这个过程重复 k 次，所以每个折叠都是测试折叠。最后的表现是 k‐折结果的平均值。

（3）留一验证：通过将 k 设为原样本个数，每次只留下一个样本做测试集，其他样本做训练集。这充分利用了整个数据集中可用的所有信息，但计算成本可能过于昂贵。

机器学习中的模型性能可以根据公式（7.7）中的假设 h 对给定特征集响应变量的预测准确程度来判断，这种方法称为误差测量。对于分类模型，测量指标是成功率和失败率（例如，混淆矩阵、ROC 曲线[206]）。对于回归模型，测量指标是第 6.1 节中介绍的预测响应和观测响应之间的损失函数，例如欧几里得距离（公式（6.6））。为了改变模型的性能，有 3 种选择[165]：

选项 1：通过递归特征选择的方差阈值添加或删除某些特征。

选项 2：通过引入正则化、非线性项或特征之间的交叉项来改变假设函数。

选项 3：通过主成分分析法（PCA）或聚类等变换某些特征。

本节不会对非线性项计算进行介绍，因为这种方法需要人为介入，并且因为存在可以自动处理非线性函数的算法（例如，深度学习、SVM），所以不建议使用，另外建议对非线性建模进行深入学习。

2．特征选择

预测模型通过测量特征和响应之间关系的强度，来判断哪些变量对响应变量产生了影响。可以通过添加或删除特性，观察模型预测效果的变化。一次添加一个特性称为前向包装，一次删除一个特性称为后向包装，两者都称为烧蚀分析[165]。所有这些测试都在逐步回归算法的每个步骤自动完成。该算法还可以以完全相同的方式添加或删除交叉项。逐步回归可以得出哪些特征子集包含冗余信息,哪些特征经历了偏相关,从而自动选择特征。

包装器在理论上是完美的,但实践中,在寻找特征的最佳权重时,会受到蝴蝶效应的影响,也就是不可能详尽地评估所有特征组合。"随机从某处开始"的启发式算法会影响在逐步搜索期间做出的后续决策,并且在一个搜索中可能选择的某些特征可能会在另一个搜索中被拒绝,而在另一个搜索中,算法从另一个地方开始,反之亦然。

因此,对于非常大的数据集,可以使用第二类特征选择算法,称为过滤。过滤器不如包装器精准,但计算效率更高,因此在处理大型数据集时,可能会得到更好的结果。过滤器(滤波器)基于计算特征之间的相关矩阵(公式(6.2))或关联(公式(6.4)或公式(6.5)),这确实比使用整个模型(公式(7.7))进行实际预测和评估误差测量变化的包装器更快。同时,过滤器可以测试更多的组合。过滤器的主要缺点是存在的偏相关,这可能会误导结果。

因此,根据第6.3节的建议,直接包装器比过滤器[165]更可取,如在项目开始时使用过滤器来检测和消除非常冗余(太高的 p)或噪声(太低的 p)变量,然后再使用更严格的包装器。另一个简单的策略是:当使用回归模型时,可以通过比较特征各自权重的大小来直接评估特征之间相互关系的强度。该方法为加快特征选择提供了解决方案。

最后,介绍另外两个可以用来提高模型性能的方法特征转换和正则化。特征转换建立在第7.1节中描述的奇异值分解(如主成分分析)和谐波分析(如快速傅里叶变换)框架的基础上。它的目标是将特性空间投影到一个新的空间中,在这个空间中,变量可以通过降低重要性来排序(详细信息见第7.1节),并从中选择一组对模型预测有较大影响的变量。

正规化主要是抑制模型参数的大小(如使权重限定在某一阈值内,迫使一些特征退出),一种方法是在训练时通过损失函数模型引入附加条款,另一种方法是在模型中引入贝叶斯规则,了解一些特征的概率分布的先验知识。

3. 概述:敏捷和应急设计

以上章节介绍了信号处理和计算机模拟部分,描述了在机器学习环境中开发和精炼预测模型的一些选项。如果数据科学家或者现今的咨询师,想将模型理论做到完美再投入使用,将花费大量时间和精力。一些学者就做到了。任何人在开始测试模型之前都可能花费数周时间阅读分析软件包文档,因此,有一点需要记住:任何一个模型最终应用于实践时,都可能发生意外。

因此,数据科学家建议采用另一种方法来进行更广泛的模型设计:应急设计[207]。应急设计包括了数据准备阶段，如收集、清理和过滤，但后来就转为构建工作模型，并将其应用于现实数据。相较模型设计过程中可能起作用的因素，应急设计更关心从评估实际性能和陷阱中收集到的见解。真实的反馈为数据分析工作带来了独特的价值，例如，算法的初步选择。尝试一个看起来合理的方法，看看输出结果如何——不是预测，而是做出有助于性能改进的决策（图7.3）。

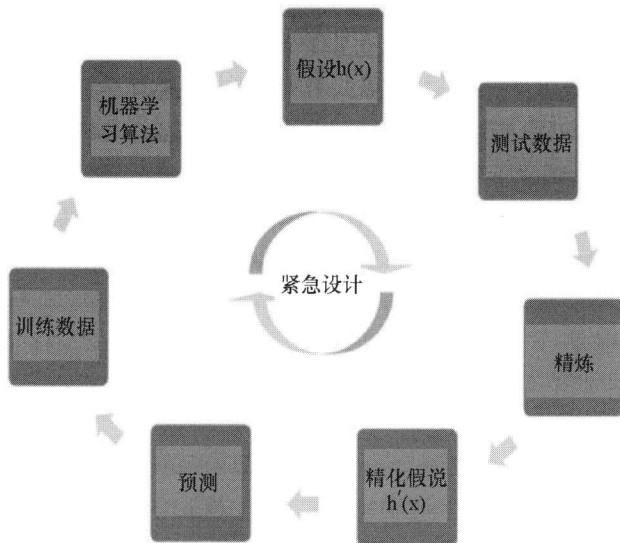

图 7.3　开发监控机器学习模型时的敏捷应急模型设计工作流

换句话说，应急设计的原则是选择可行的模型并投入使用，而不是花时间研究理论上可以选择哪些模型。快速建立并应用模型，从现实数据中学习，再重新进行模型设计，然后再应用到现实数据，再次学习，重新设计……这一过程重视反馈及时性，尽可能降低客户的风险和成本，从而使咨询师能够在最短的时间内提出一个令人满意的模型。80/20 法则始终适用。

7.4.3　自然语言人工智能

来看一个客户案例。客户希望通过利用非结构化数据源（如过去 12 个月收集的一系列电子邮件、博客和报纸中表达的客户兴趣）来增强机器学习预测。

理解自然语言处理（NLP）的一个关键点是，这些工具不仅通过检测数据中的信号来学习，而且通过将新数据中发现的模式（例如主语—谓语—对象）和内容(例如词语)与之前根据先前数据开发的规则和含义相关联进行学习。多年来,与专家从每个特定领域的大量文本集合中学习和整合特定领域(如流行英语、医学、政治)相关的几套语言规则和含义,并归类到称为词汇语料库的公共词典中。

例如,当代美国英语语料库(Coca)从 1990—2015 年期间统一抽取包含超过 16 万篇来自不同来源的文本,从电影文本到学术同行评议期刊,总计 4.5 亿字[208]。语料库根据用途分为五个子语料库:口语、小说、通俗、报纸和学术文章。所有单词都根据其句法功能(词性的一部分,如名词、动词、形容词)、词干/引理(给定单词的词根,如"good""better""best"来源于"good")、短语、同义词/同音异形词以及其他类型的自定义索引,如时间段和并置词(即通常同时出现在文本的各个部分的单词)进行注释。

注释语料库有助于消除文本歧义:一个词在不同的语境中可以有多种意义,但如果事先定义了语境,则可以更严谨地推断出合适的语言意义。例如,"苹果"的词意取决于它与"水果"还是"计算机"搭配,或者是出现在美食学还是计算机相关的文章中。

一些 NLP 算法只是通过删除停止词(例如空格)和标准后缀或前缀来解析文本,但是对于更复杂的推论(例如,将单词与有意义的引理关联起来,消除同义词和同音词的歧义等),需要定制注释语料库。大多数语料库都与语义和语法有关,特别是句子分析(定义有效的语法结构)、标记(为每个单词定义有效的词性部分)和词理化(可以识别同义词和相对复杂的语言形态的规则)。将主语、意图等因素结合起来可以推断名称实体("苹果"是水果、计算机还是公司)。序列学习(例如第 7.4.1 节中引入的递归神经网络)能够跟踪和模拟语音,其与无监督学习相结合(例如,奇异值分解/主成分分析根据单词/引理之间的相关性对其进行组合)能产生潜在语义分析的衍生概念[209]。当然,这些都是最新技术,但是随着时代发展:大多数对人类有意义的智力活动都可以被编码,因此未来人工智能设计很可能能够模仿人类行为。

接下来介绍一个简单、具体的例子及其算法。假设收集了一组公司现有和潜在客户撰写的一系列文章和博客,并准备开发一个模型来确定该公司对这些文章的看法。为了简单起见,只考虑积极情绪和消极情绪两种结果,并建立一个分类器。同样的逻辑也适用于使用回归对情绪进行数字量化,例如设置一个 0(积极情绪)到 1(消极情绪)的阈值内。

(1)通过将每篇文章标记为 1(积极情绪)或 0(消极情绪),从可用文章中创建带注释的语料库。

(2)通过对过度代表的类别进行抽样,确保类别均衡(正面和负面文章各占 50%）。

（3）对于每篇精选文章（共 n 篇）：

·将文章分成单词列表。

·删除停止词（例如空格, and, or, get, let, the, yet……）和短词（如少于 3 个字符的词）。

·将每个单词替换为其基本单词。

·将文章的引理列表附加到主/嵌套列表中。

·将每个单独的引理附加到不同引理的索引列表（例如 python 中的字典）中，仅当以前从未附加过引理时才附加。

（4）创建一个 $n \times (m+1)$ 矩阵，其中（$m+1$）列对应于 m 个不同的引理 + 情感标记。从 n 行中每行的零向量开始，在每一行上循环表示 n 篇文章，并且每次在给定文章中观察到该引理时（即在上面创建的嵌套列表的每个列表中观察到），将与给定引理对应的列递增 1。每行现在都以频率向量的形式表示 1 篇文章。

（5）将每行的权重归一化为 1，以确保每篇文章通过其词频而非词量大小进行预测。

（6）在最后一列中添加每篇文章的情感标签（0 或 1）。

（7）随机洗牌，并保留 30% 进行测试。

（8）训练并测试分类器（可以使用本章介绍的任何分类器，如逻辑回归），其中输入特性都是在最后一列，响应标签也是在最后一列。

（9）该分类器可应用于任何新文章，通过步骤 8 中确定的信心水平分析文章的情绪是积极的还是消极的。

（10）如果使用逻辑回归，可以筛选特征系数（即引理），以确定每篇文章中具有最积极和最消极情感的单词。

以上 NLP 训练通过标记文章/博客的正面和负面的情绪来标注训练数据，但是仍然依赖步骤（3）中的现有语料库来删除停止词，以及识别引理。相关的词形还原工具获取方式也很简单（例如 NLTK[210]），因此，在 NLP 中没有一个项目真正从零开始。

当然，可以利用现有的情绪来分析 API[211]，并自动进行训练数据集标记。但是 NLP 是一门新兴的科学，现有的注释语料库对于大多数项目来说往往不够具体。NLP 项目通常需要通过为项目定义新的或可选的规则来手动开发和扩展语料库。通常，在分析之前，需要将要分析的实体（例如客户名称、文章 ID）和相关的度量标准（例如给定公司的情绪）编码为语言概念。值得注意的是，潜在语义分析(即引理集合上的奇异值分解[209])可用于将复杂概念编码为多个引理的加权平均值。

通过将文本语料库转换为语言概念,NLP 可以将非结构化数据转换为有效的结构化数据,为每个客户提供一组以具体数值形式体现的特性。这些特性随后可以通过常用机器学习算法进行处理。

模式识别到预测结果的转移,与无监督学习到有监督学习的概念转换类似,NLP 则进行了另一个转变:即从纯数据驱动的机器学习方法到数据和预先定义的知识驱动学习过程的方法的转变。目前,这种强化学习的概念[202]以具先进性,获得了广泛成功:在谷歌 DeepMind 在 2016 年 3 月击败围棋世界冠军[212]之前,DeepMind 就通过复杂的强化学习过程开展了围棋学习。强化学习基于环境中的先验知识或新知识定义规则,并当部分结果接近最终目标(例如赢得比赛)时,在学习过程中动态地增强这些部分结果。一组规则被称为策略,部分结果被称为状态,模型被称为顺序决策的代理。学习过程包括与环境交互和探索尽可能多的状态以改进代理的策略。策略通过整体损失函数中的特定状态来描述,其可以通过标准最小化(例如,梯度下降)影响到代理特征的权重。这就像在科学中加入宗教,在一个更正式的学习过程中加入基于环境、状态、行为和特殊规则的监督。谷歌为围棋制定了专门的强化策略,在比赛前几个月让计算机自己进行对弈。2016 年 3 月,这台计算机以 4 比 1 打败了世界冠军李世石时[213]。一年后,据报道,它的升级版以 100 比 0 击败了早期版本。围棋的潜在玩法比宇宙中的原子还多,据说是人类已知的最复杂的游戏。当然,玩游戏并不是增强学习能力的唯一原因。

7.5　案例 1：制药研发中的数据科学问题

下面的例子介绍了一个数据科学问题,该问题的对象为一家制药公司,解决该问题耗时两周。该问题的解决方法是将机器学习应用于特征选择和预测建模,以识别具有降低研发运营成本潜力的生物标记。之所以选择这个例子,是因为该问题超出了本章开头介绍的所有市场研究类型,并且该问题体现了超出常见咨询服务范围(如市场研究、信用评级)的潜在应用。

1. 挑战

在这个问题中,机器学习被用来分析由 Michael J. Fox 基金会开发的帕金森进展标记倡议数据集(PPMI[214]),该数据集提供了迄今为止帕金森病患者最大样本的纵向数据(截止 2016)。该数据队列包括数百名有帕金森病症或没有帕金森病症的患者(PD 与 HC 患者),这些患者接受了多年的随访。本问题的目标是确定与大脑中多巴胺转运蛋白（DScan）减少相关的临床特征：DScan 准确但非常昂贵（扫描每次超过 3000 美元），因此找到更便宜的帕金森病进展的替代生物标志物将大大降低客户及其医疗合作伙伴的成本，本案中的客户主要从事定期诊断和跟踪帕金森病患者或有帕金森病风险的患者等工作。

2. 问题

与 DScan 减少相关的临床特征是什么？能否建立一个 DScan 减少的预测模型吗？如果能，它的基本特征是什么？

3. 方案摘要

采用 4 步方案：①—探索，②—关联，③—逐步回归和④—交叉验证与 HC - PD 分类学习算法，我们发现 3 个对预测 DScan 下降很重要的临床特征：Hoehn 和 Yahr 运动评分（统一帕金森病评分），以及由医生与宾夕法尼亚大学嗅觉识别合作打分的统一帕金森病评分。我们的客户可以利用这 3 个特征较为准确地预测和识别帕金森病患者，成功率大于 95%。

4. 数据集探索

在第 0 年（基线）和第 1 年之间，本研究中的患者总数为 479 例，健康人群（HC）为 179 例，帕金森病（PD）患者为 300 例。

排除丢失 50% 以上记录的患者的特征——根据对 HC 和 PD 队列中所有特征的排查。两种人群中包含少于 90 个数据点的特征都被删除。

放弃非信息性特征，如调查问卷的报名日期、出席/缺席等信息，以及只包含一个类别的特征等。

在此清理阶段，选择了 93 个特征进行进一步处理，其中 76 个特征作为数字处理，17 个特征（布尔或字符串）作为分类特征。

5. 数值特征相关性

计算每个特征与 DScan 下降的相关性 ρ，并通过计算与 HC/PD 标签的相关性 ρ 来评估一致性。在表 7.2 中，特征按相关系数的大小降序排列。表中仅显示系数 p 值 < 0.05 或量级 > 0.1 的特征。

表 7.2 中虚线范围内的特征与 DScan 下降的相关系数为 $\rho > 0.2$，p 值 < 0.05。这些被选择进行进一步的处理。

与其他特征交叉相关（如图 7.4 所示）的相关系数大于 0.9 且 p 值 < 0.05 的特征被认为是多余的，因此不具有信息性（如第 6.3 节所述）。对于每一组交叉相关的特征，只有与 DScan 下降相关度最高的两个特征进行进一步处理，而其他特征被排除。

表 7.2　特征与 DScan(左)和 HC/PD 标签(右)的相关性

	与 DScan 的相关性			与 HC/PD 的相关性	
特征	ρ	p 值	特征	ρ'	p 值
Nhy	− 0.32	1.73e − 12	Nhy	0.88	1.25e − 154
UPSIT4	0.30	1.51e − 11	NUPDRS3	0.81	1.90e − 112
UPSIT 总数	0.29	6.87e − 11	NUPDRS 总数	0.79	2.20e − 102
NUPDRS3	− 0.29	1.24e − 10	TD	0.69	1.60e − 67
NUPDRS 总数	− 0.27	3.02e − 09	UPSIT 总数	− 0.66	1.16e − 60
UPSIT1	0.26	4.05e − 09	UPSIT1	− 0.62	2.71e − 52
UPSIT2	0.24	7.12e − 08	NUPDRS	20.61	8.74e − 51
UPSIT3	0.24	7.87e − 08	UPSIT4	− 0.60	1.82e − 47
TD	− 0.22	8.41e − 07	UPSIT3	− 0.58	1.40e − 44
NUPDRS2	− 0.21	5.05e − 06	UPSIT2	− 0.57	5.92e − 43
PIGD	− 0.16	0.00061	PIGD	0.47	1.42e − 27
SDM 总数	0.15	0.00136	NUPDRS1	0.32	4.49e − 13
SFT	0.15	0.00151	SCOPA	0.31	7.35e − 12
RBD	− 0.13	0.00403	SDM1	− 0.29	1.16e − 10
pTau 181P	0.13	0.00623	SDM2	− 0.29	1.16e − 10
SDM1	0.12	0.00674	SDM 总和	− 0.28	4.12e − 10
SDM2	0.12	0.00674	RBD	0.26	1.06e − 08
WGT	− 0.11	0.01537	STAI1	0.23	1.78e − 07

Nhy – Hoehn 和 Yahr 运动评分,NUPDRS – x 统一帕金森病评分(数字 x 对应于进行测试的不同条件,例如医师引导与自我管理),UPSIT – x 宾夕法尼亚大学嗅觉识别测试和 TD 震颤评分。

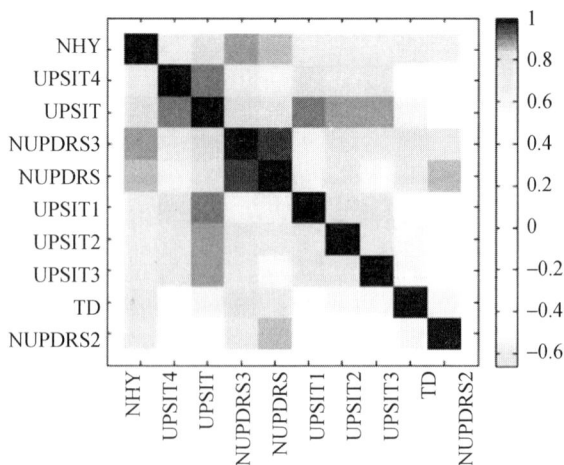

图 7.4　表 7.2 所选特征之间的相互关系

基于相关系数的预处理阶段，选择了 6 个数值特征进行进一步处理：Hoehn 和 Yahr 运动评分（Nhy）、医师领导的统一帕金森病评分（NUPDRS 3）、医师领导的 UPenn 嗅觉识别评分（UPSIT 4）和震颤评分（TD）。

6. 线性回归法选择数值特征

以下是逐步回归分析后的最终估计值（在第 7.4 节进行了介绍），以平方误差之和 $\sum_{i=1}^{479} (y_i - \hat{y}_i)^2$ 的 χ 方检验的 p 值（阈值为 0.05）作为增减特征的标准，其中 y_i 和 $\hat{y}_i$ 分别是每个患者的 DScan 观察值和预测值。

特征	Θ	95% 的区间		p 值
Nhy	− 0.112	− 0.163	− 0.061	1.81e − 05
NUPDRS3	− 0.010	− 0.016	− 0.005	0.001
UPSIT4	0.011	0.002	0.019	0.021
Nhy：NUPDRS3	0.007	0.004	0.010	4.61e − 06

逐步回归分析得出了两个结论。首先，尽管与先前发现的 HC/PD 标记标签具有较高相关性，但 TD 评分并不是一个十分有效的 DScan 预测因子（表 7.2）。事实证明，存在一个有力的外部数据点来解释这一现象。当从数据集中消除这个外部数据点（如图 7.5 所示）时，TD 与 HC/PD 标签的原始相关性 ρ' 显著下降。

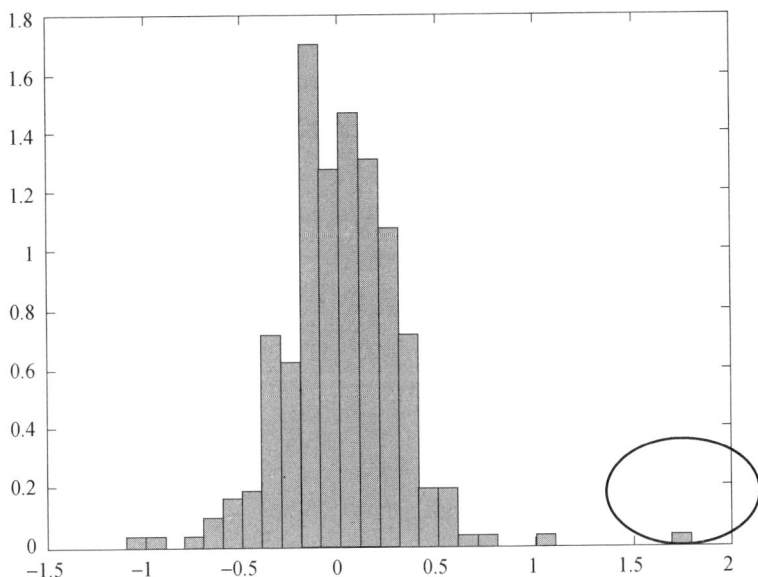

图 7.5　479 例患者震颤评分（TD）柱状图

其次,该算法表明,Nhy 和 NUPDRS3 之间的交叉项将提高模型的性能。在这一阶段,选择了 3 个数值特征和 1 个交叉项:Nhy、NUPDRS 3、UPSITBK 4,以及 Nhy 与 NUPDRS 3 之间的交叉项。

7. 分类特征的线性回归选择

下面是逐步回归后的最终估计,使用与上面相同的标准添加/删除特征,但在模型的初始假设中只包含分类特征。

特征	Θ	95%的区间		p 值
睡眠行为障碍	− 0.0332	− 0.075	0.01	0.137
神经障碍	− 0.072	− 0.118	− 0.031	0.001
皮肤病	0.091	0.029	0.1523	0.004

该算法还提出了两个特征,即精神病学(阳性)和种族(黑色人种),这两个特征对模型的假设函数有显著影响,但从这两个特征在 HC 和 PD 标签中的累积分布来看(见下文),可以得出结论,这两个信号都是由小样本谬误造成的:精神病学特征只包含 5 个实例,全部在 PD 中;种族特征仅包含 5% 的 HC 实例和 1% 的 PD 实例。两者均被认为不显著(样本太小),因此被排除。

对分类变量进行逐步回归分析后,选择了 3 个分类特征:REM 睡眠行为障碍(RBD)、神经障碍和皮肤病。在这个阶段,皮肤病特征的值是不明确的:根据表 7.3(14% 比 12%),其似乎与 PD 没有明显的关联,但是回归算法表明它可以改善模型性能。因此该皮肤病特征暂时存疑,被保留以进一步分析。

表 7.3 HC 和 PD 标签中分类变量的样本量偏差评估

特征	标签	HC(179)	PD(300)
种族	黑人	8(5%)	3(1%)
精神病	确定	0	5(2%)
睡眠行为障碍	确定	36(20%)	119(40%)
神经障碍	确定	13(7%)	149(50%)
皮肤病	确定	25(14%)	35(12%)

8. 多巴胺转运蛋白脑扫描的预测模型

以下是逐步回归后的最终估计值,使用与上述相同的标准添加或删除特征,该模型假设包含前面步骤中选择的数值和分类特征。

特征	Θ	p值		Θ	p值
Nhy	−0.061	0.012		−0.060	0.010
NUPDRS3	−0.0001	0.908		−0.0002	0.900
UPSIT4	−0.014	0.002		0.015	0.001
睡眠行为障碍	−0.002	0.925		排除	—
神经障碍	−0.0003	0.990		排除	—
皮肤病	0.066	0.030		0.066	0.026

　　算法所提出的最终模型假设不包含任何交叉项，也不包含与 Nhy 和 UPSIT4 相关的失去显著性的 NUPDRS 3（从权重和 p 值来看，见上文）。

　　这同样适用于两个分类特征，即睡眠行为障碍和神经障碍，它们具有相对较小的权重和较高的 p 值。

　　最后，皮肤病特征仍然具有显著的 p 值，因此是 DScan 的相关预测因子。但是，由于与前面提到的 HC 和 PD 标签没有关联（表 7.3），因此没有将其作为一个可靠的预测因子传达给客户。

　　总之，Hoehn 和 Yahr 运动评分（Nhy）和医师引导的 UPenn 嗅觉识别评分（UPSIT4）是与帕金森病相关的 DScan 下降的最佳、最有力的预测因子。因此，具有 Nhy 和 UPSIT4 两个特征的线性回归模型可能是与帕金森病相关的 DScan 降低的预测模型。

9. 交叉验证 1：不同特征的逻辑学习模型比较

　　上述预测性建模分析确定了 3 个临床特征，可用于预测 DScan（Nhy、UPSIT4 和 NUPDRS3）。5 个分类特征（精神病、种族、睡眠障碍、神经障碍和皮肤病）中，没有一个被选为具有统计学意义的 DScan 相关预测因子。

　　上述预测性建模还开发了一个 HC‒PD 二元分类器，通过预测帕金森病是否得到有效诊断，交叉验证了这些结论。该分类器是一个机器学习逻辑回归，训练率为 60%，既可以包括 5 个分类特征，也可以包括 5 个特征中的 1 个，或者不包括这 5 个特征。

　　图 7.6 显示了测试的 7 种机器学习分类算法的成功率和失败率，我们发现，使用了所有 5 个分类特征作为 HC 与 PD 的预测因子的算法，性能最差，而不使用分类预测器（仅使用 3 个数值特征 Nhy、UPSIT 4 和 NUPDRS 3）时，结果可能优于使用这些分类预测器的模型。因此，当试图预测患者是否患有帕金森症时，所有分类特征都不能改善模型性能。

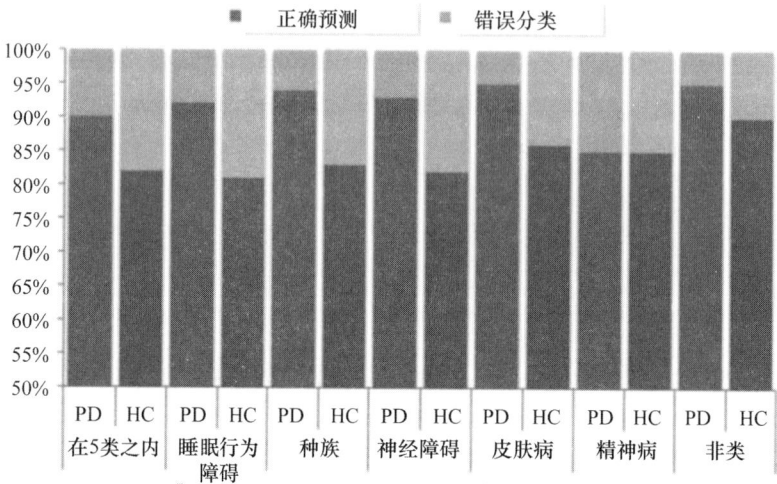

图 7.6 基于不同假设函数 $h(x)$ 的逻辑回归 HC – PD 机器学习分类器的混淆矩阵

10. 交叉验证 2:不同学习分类模型的性能

为了证实使用 Nhy、UPSIT 4 和 NUPDRS 3 这 3 个临床特征足以建立 DScan 预测模型,比较了几种预测帕金森病存在的机器学习分类建模方法的性能。本案例总共建立了 4 个新的机器学习模型,每一个模型都有 60% 的培训效率以及 10 折交叉验证。使用表 7.2 中的边际相关性排名第一的所有 20 个特征,对这 4 个模型进行了进一步比较,见表 7.4。

表7.4 不同机器学习分类算法的 10 倍误差测量比较

算法	20 个特征	3 个特征
判别分析	0.019	0.006
k – 近邻	0.382	0.013
支持向量机	0.043	0.010
袋装树(随机森林)	0.002	0.002

表 7.4 中显示了 4 种新机器学习分类算法中每种算法得到的 10 倍预测的平均平方误差,我们观察到,在预测患者是否有患帕金森病风险时,使用 Nhy、UPSIT 4 和 NUPDRS 3 能得出最佳结果。

图 7.7 显示了 5 种机器学习分类算法(包括逻辑回归)的成功率和失败率,再次确认了在试图预测患者是否有患帕金森病的风险时,Nhy、UPSIT 4 和 NUP-DRS 3 能得出最佳结果。

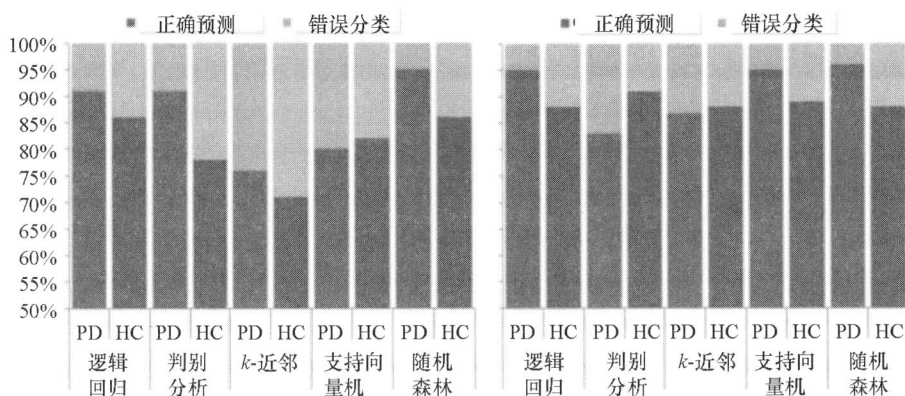

图 7.7 使用 20 个特征(左)和 3 个特征(右)的不同机器学习分类算法的混淆矩阵比较

结论——确定了 3 个可预测 DScan 测量结果的临床特征,从而降低了客户组织的研发成本:Hoehn 和 Yahr 运动评分、统一帕金森病评分和 UPenn 嗅觉识别测试评分。与使用本研究中可用的其他特征相比,这 3 个特征的性能更好。这一结论在各种被用来预测患者是否有患帕金森症风险的学习算法中得到了验证,本案例运用了简单的逻辑线性回归模型,应用支持向量机和随机森林等算法,可能性能更好,但其性能差异不显著(＜2%)。因此,我们将逻辑线性回归模型推荐给客户,因为该模型最容易理解。

7.6 案例 2：客户流失数据科学项目

第 2 个案例主要是介绍了一个数据科学项目,该项目也在两周的时间内完成由一家顶级管理咨询公司提供咨询服务业务。该案例主要是应用机器学习来识别将要流失的客户,目的是从数据中提取定量和定性的建议,供咨询对象做出适当的战略和战术决策,以减少未来客户的流失。之所以选择这个例子,是因为该项目开始深入研究数据科学中许多典型的微妙之处,例如所选特征缺乏清晰的边际相关性、高度不平衡的数据集(数据中 90% 的客户不会流失)、概率预测、调整预测以牺牲假阴性为代价,尽量减少假阳性,等等。

1. 挑战

在这个项目中,客户是一家提供天然气和电力的公司,他们最近发现客户流向竞争对手的现象越来越多。数据集包含数百个客户,该数据集记录了客户过去几个月中的不同属性,其中一些客户流失了,而有些则没有。咨询对象还提供了一个特定客户的列表,本案例将预测每个客户是否会出现流失,以及可能发生流失的时间性。

2. 问题

能否提出一个预测客户流失的模型？

对于客户流失，最具解释性的变量是什么？

减少客户流失的潜在战略或战术杠杆是什么？

3. 方案摘要

我们采用 4 个步骤的方案：①—探索，②—模型设计，③—性能分析和④—敏感性分析/解释。本案例构建了一个模型，使咨询对象能够识别 30% 的客户，并将这些客户的流失（假阳性）限制在 10%。本研究支持以折扣和长期合约为基础的短期策略，以及建立服务与销售渠道协同效应的长期策略。

4. 数据集探索

数据集的探索包括特征工程（发现"动态"属性，如不同指标的周/月的比率）、散点图、协方差矩阵、边际相关性和 Hamming 距离/Jaccard 距离，以及专门为二元结果设计的损失函数（见表 7.5）。需要解决的关键问题是存在许多空条目、异常值、共线特征和低方差特征。空条目可以被每个特征的中位数替换（除了缺失超过 40% 的特征，在这种情况下，整个特征将被删除）。异常值超平均值 6 个标准差的客户也被删除。

一些特征，如价格和一些预测指标，与 $\rho > 0.95$ 共线（见图 7.8）。在此情况下，为了确保机器学习模型的高效可行，只保留了其中的一个特征。

表 7.5　关键特征与客户流失之间的主要相关性和二进制差异

客户流失的主要相关特征		
特征	原始	筛选后
利润	0.06	0.1
预测表租金	0.03	0.04
价格	0.03	0.04
预计折扣	0.01	0.01
对权力的认购	0.01	0.03
预测消耗	0.01	0.01
产品数量	−0.02	−0.02
客户的历史	−0.07	−0.07

（续）

二进制差异与客户流失的主要关系		
特征	汉明距离	Jaccard 距离
销售渠道 1	0.15	0.97
销售渠道 2	0.21	0.96
销售渠道 3	0.45	0.89

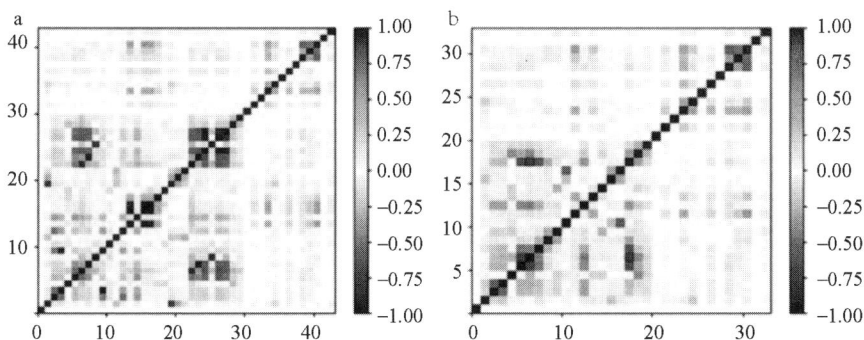

图 7.8　本项目 48 个特征（左）与共线特征滤除后的互相关（右）

5. 模型设计

首先进行特征选择，然后使用方差滤波器（即针对 95% 以上客户删除没有方差的特征），再用逐步回归的方法进行建模。学习的效果通过 30% Hou－out 验证和 10 倍交叉验证进行评估。分别对逻辑回归、支持向量机和随机森林算法进行了训练，同时进行了集成训练，如图 7.9 所示。后者在文献中被称为"软投票"，因为集成训练需要不同模型的平均概率来对客户流失进行分类。

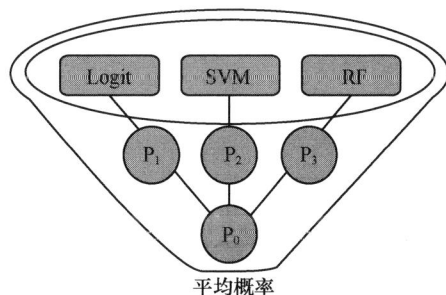

图 7.9　软投票概率预测的集合训练模型

由于客户流失仅占训练数据的 10%，测试了两种处理不平衡分类的方法。值得注意的是，对于这两种情况，性能都是基于同一个测试集进行评估的，在该测试集中,为了考虑实际情况,保持了类的不平衡。

·方法1(基线):根据大量数据的随机抽样(即没有流失的客户)进行训练,以匹配罕见类的大小(即流失的客户)。

·方法2:基于9个模型的整体训练,使用大量类的9个随机样本(没有替换)和每一个稀有类的完整样本。之所以选择9倍集成模型,是因为类不平衡是1~9,这是为了提高模型的泛化程度,见图7.10。

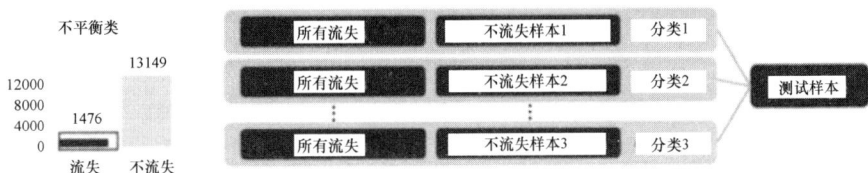

图7.10 客户流失和非客户流失分布及9倍集成模型,
用于使用平衡样本的所有数据并改进泛化

6. 性能分析

所谓的接收机—算子特征(ROC[206])曲线通常用于补充机器学习中的偶然表,因为它在推断正类和负类的改变概率阈值时(在本项目中,分别为"流失"和"不流失")提供了一个稳定的精度度量。它精确判断所有被分类为阳性(即真阳性)的预测与误判为阳性(即假阳性或"流失")的预测。不同机器学习模型预测的概率被默认校准,使$P > 0.5$对应一个类,$P < 0.5$对应另一个类。当然这个阈值可以进行微调,以减少一个类的错误分类,而代价是增加另一个类中的错误分类。ROC曲线下的区域是对整体性能的有效度量,对于使用中的任何阈值都保持不变。表7.6表明随机森林的性能最好,而9倍集成的总体效果更好,其ROC AUC得分为0.68。这是我们的"最佳表现"模型,该模型能够预测69%的会流失的客户及其信息,尽管当使用0.5的概率阈值时会下降到42%,见图7.11。从ROC曲线来看,发现同样的模型仍然可以预测30%的客户,尽管这一次只需要针对10%的客户流失率进行分析,但这对咨询对象来说依然效果显著。通过网格搜索,发现这个阈值是$p = 0.56$,这是可以向利益相关者推荐的最佳模型和参数(表7.6)。

7. 敏感性分析和解释

通过逐步逻辑回归进行的重复特征选择可识别12个关键预测因子,如图7.12所示。其中可能导致客户流失的变量包括高利润率、预测消费和计价器租金。可能减少客户流失的变量包括预测折扣、活跃产品数量、股权认购、客户历史(即忠诚度)以及销售渠道。因此,向可能流失的客户提供折扣似乎是一种很好的战术手段,也可以使用其他有效的战略方式,如协同效应、渠道和长期合同等。

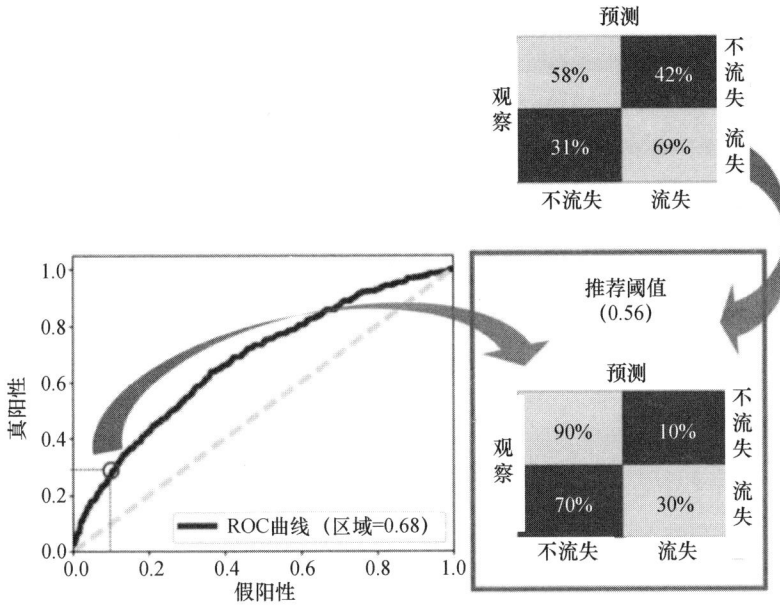

图 7.11 整体最佳学习者的表现 (基于随机森林的 9 倍集成) 和精度/落差的优化

表 7.6 基于精度、Brier 和 ROC 测量的学习分类器的性能,
随机抽样的稀有类或 9 倍集成学习

性能指标			
算法	精度	Brier	ROC
逻辑算法	56%	0.24	0.64
逐步算法	56%	0.24	0.64
支持向量机算法	57%	0.24	0.63
随机森林算法	65%	0.24	0.67
集成算法	61%	0.23	0.66
9 - 逻辑集成算法	55%	0.26	0.64
9 - 支持向量机算法	61%	0.25	0.63
9 - 随机森林算法	70%	0.24	0.68
9 - 集成算法	61%	0.25	0.65

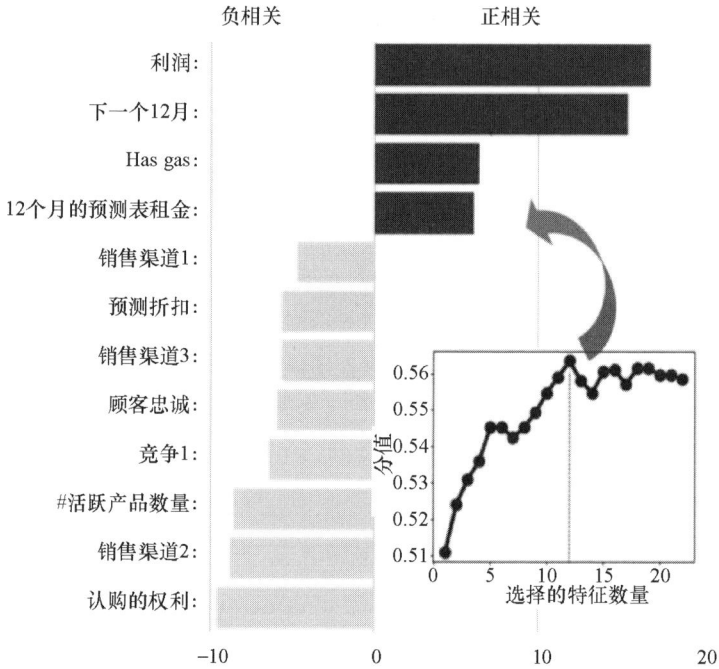

图 7.12　通过逐步逻辑回归(特写)确定的客户流失解释变量,
并根据其对预测客户流失的相对贡献进行排序

　　最后,通过模型识别出的客户应用梯度折扣方式进行敏感性分析,然后重新运行模型来评估预测在该折扣水平下有多少客户仍然会流失。如果选择能实现最小化客户流失的模型,预测 20% 的折扣将显著减少客户流失,实现最小化的流失(10%)。考虑到该阈值的实际阳性率约为 30%,可以安全地预测,折扣法将消除至少 8% 的客户流失,如图 7.13 所示。上述模型是我们向利益相关者建议的主要战术选择。

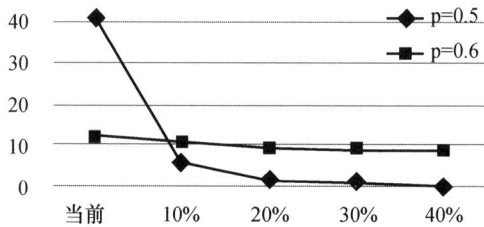

图 7.13　折扣策略敏感性分析:在增加预期客户流失折扣后,
逻辑回归模型预测的客户流失率

第8章

管理咨询战略的原理：入门

有效的竞争战略能够提升企业的内部实力,是企业长期保持卓越成绩的关键所在[74]。本章将对管理咨询战略的相关概念进行介绍,并重点对关键挑战、项目实施方案等一些实际问题进行详细分析。常用的管理咨询战略有五力模型、价值链、产品生命周期、颠覆性创新、蓝海战略,等等。它们的运用范围广泛,对于解决企业管理中的实际问题具有重要的辅助作用,能够帮助管理咨询师确定顾客的竞争优势所在,以便制定有效的竞争策略。

8.1 管理咨询战略的定义

明确的战略有利于执行经理将其资源分配和决策合理化。为了提供帮助,咨询师需要确定一套目标,以及为实现这些目标所需的一整套行动、资源和过程。

根据咨询师的目标性质,可以把管理咨询战略分为以下几类[215]:

· 职能层战略:客户应参与哪些活动?

· 业务层战略:满足市场需求的哪些范围?

· 企业层战略:客户应该投资哪些业务?

上述三个管理咨询战略类别的具体内容将在下一章中进行介绍。这种分类方式有助于帮助读者更好地理解管理咨询的内涵与本质,即优秀的管理咨询战略应对企业发展各层面的内外关系有准确的把握,并能提供完整、详细的实施方案。

哈佛大学的迈克尔·波特教授从以下三个方面对管理咨询战略进行了定义[74]:

· 创建一个涉及不同活动的独特而有价值的职位。

· 进行权衡取舍——在市场中竞争经常涉及权衡,因为并非所有的活动都是兼容的。例如,一个能够很好地为小众市场提供高端产品的商业运作模式,通常不能很好地为主流市场提供低成本产品。

·准确把握客户的内部能力,使拟议活动与客户能力相匹配。由于企业的大多数活动彼此之间相互影响,因此在制定管理咨询战略时,应重视不同活动之间的影响。

8.2　管理咨询战略的执行

管理咨询战略可以帮助客户获取有用信息。由于商业决策的不稳定性,管理咨询战略的实施效果与预期效果会有所区别。管理咨询战略可以为客户提供科学、合理的逻辑分析过程,帮助客户了解市场环境、行业发展、自身的优势与劣势、竞争对手的相关情况,以及所需提高的能力,这对于提高企业的竞争优势至关重要。随着时间的推移,各种不确定的因素会——得到解决,这时就需要对现有战略做出相应的调整[5]。

管理咨询战略必须得到有效的执行。如何使一个完美的管理咨询战略得到有效执行,是管理咨询活动成功的关键。这是一个将理论付诸实践的过程,其始于充分了解客户的咨询目的、发展前景和企业价值。要制定相应的实施策略、组织结构、行动指南、政策制度、人员培训制度以及建立信息共享系统等。还要设置预警信号,并监控事件的发展状态。随着事件的展开,客户也应做好调整原始策略的准备。即使保持初始目标不变,也要对实现最终目标的相应策略进行不断地审查、调整,这就要求顾问与客户之间根据实际情况,不断进行理论创新。

8.3　管理咨询关键战略概述

8.3.1　专业化与聚焦

根据迈克尔·波特提出的一般战略,同时选择基于溢价的差异化发展策略与基于成本的专业化发展策略,会使企业陷于两难的困境[216]。他认为聚焦(即选定客户群)对于企业发展十分重要。众多学者的后续研究也证实了这一点,即企业在长期的发展过程中,必须在成本优势战略或差异化战略中选择其一,如果同时采取这两种战略,则会使企业陷于失败的境地[100]。

基于溢价的差异化战略的聚焦核心不在于突出产品的成本优势,而是通过提高产品在客户心目中的品质来赢得市场。这类产品通常在质量、技术、设计、可靠性、易操作性、售后服务等方面都具有优势[19]。另一方面，对于同等品质的产品，促销手段和产品知名度是产生溢价效应的重要因素，其具体内容将在 8.4 节进行详细介绍。翻看企业营销的一些案例，会发现单纯地提高产品价格有时确实会改善客户对产品质量的看法，但这种营销策略更多与心理学相关，而非商业管理。

基于价格的差异化战略，也称成本优势战略，与经验曲线[217]和规模经济的概念密切相关。这两个概念旨在通过理论分析，量化并预测累积经验与生产规模所能带来的效益。例如，通过经验曲线可以预测，工厂的累积生产量翻倍（从工厂开门时算起）时产品单位制造成本下降的百分比[15]。虽然在过去的 50 年中，一些著名的案例都证明经验曲线理论在很多情况下都具有准确的预测能力，但是忽视实际情况，将其推广到所有的公司管理中仍是不可取的。除了规模经济之外，"经验"效率的来源很多，例如劳动效率（熟练工、自动化）、技术改造、标准化、新产品、新的商业模式、新的市场聚焦等[15]。

市场聚焦战略具有常用性、通用性和发展性等特点[100]。如果企业想要在市场中长久地保持竞争优势，就必须采取这种战略。聚焦产品所针对的特定客户群体，明确特定客户群体对产品的需求，有助于企业形成鲜明的价值主张。企业对特定客户群体越了解，满足其需求的能力越强，其竞争力就越强。

8.3.2　五力模型

1979 年，哈佛大学的迈克尔·波特教授创新性地提出五力模型[218]。根据五力模型创建的分析方案，可以提升行业的吸引力和竞争水平。五力模型的要义在于，在分析其竞争领域时，企业不应把目光只停留在直接竞争对手身上，其他 4 种力量对企业发展的影响可能更大（图 8.1）。

通常，精明的客户会通过议价迫使企业与竞争对手之间相互竞争来降低价格；强大的供应商会通过抬高价格来限制企业的利润；替代产品进入市场会对顾客产生吸引力；而新进入者则会通过对产品进行颠覆性创新，迫使企业增加投资以维持其发展。

在后来的研究中，波特教授发现要完善这一理论，还需考虑其他影响因素（例如补充性服务、创新、政府和市场参与者之间的依赖关系等）对企业发展的影响[17]。尽管五力模型具有一定的局限性，但仍可为咨询师进行市场分析提供一个有效的出发点。

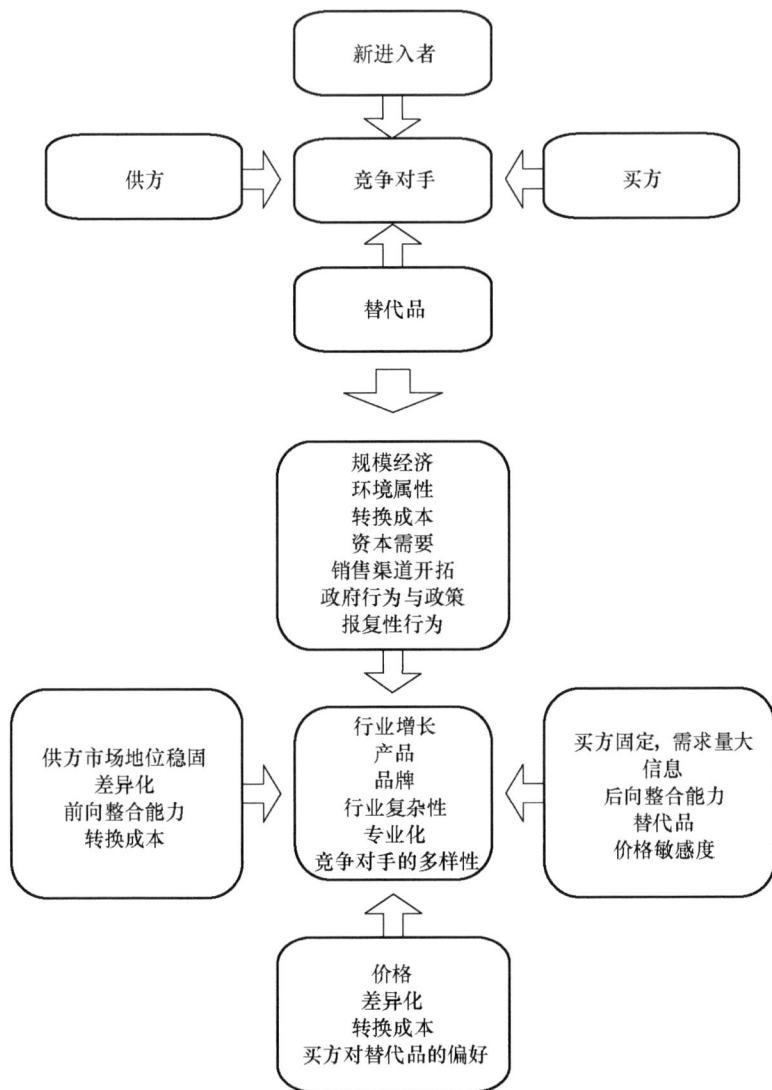

图 8.1　波特五力模型行业分析框架

8.3.3　价值链和价值网络

价值链即产品从企业投入生产到最终交付客户的活动链[17]（图 8.2）。之所以如此命名，是因为活动链中的每项活动都服务于增加产品价值这一最终目的。企业应利用专业的管理战略（差异化战略或成本优势战略），寻求最大化产品附加值、最小化生产成本的途径。通过基准测试最佳实践（例如成功企业的案例），可以优化价值链。而进行新技术和商业模式创新（参见颠覆性创新战略和蓝海战略），则可能会使企业免于竞争对手的干扰，带来巨大的投资回报。

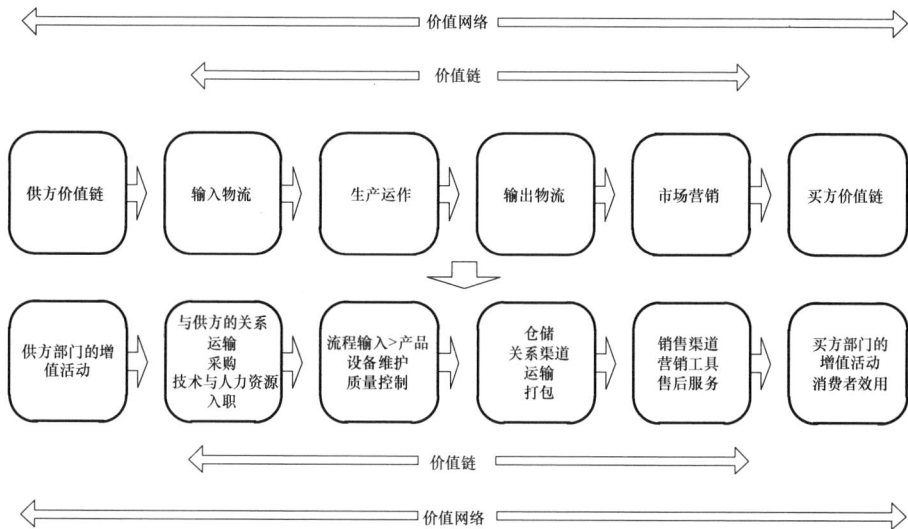

图 8.2　价值链与价值网络

而最终，需要将价值链嵌入价值网络[18,75]中，在垂直方向上，向上游延伸到供应商，向下游延伸到消费者；在水平方向上，辐射到同行业的竞争者，从而形成纵向与横向一体化的增长战略[100]。

互联网带来的信息经济学的革命从根本上改变了与价值网络相关的企业成功的本质，这种现象被称为解构[219]。互联网时代以前，信息的获取是十分困难的，这种杠杆为高度集成的组织提供了巨大的竞争优势[220]。互联网的出现为获取信息提供了极大的便利性，在价值网络的各个环节中模块化组织不断涌现，彼此之间关系密切。替代杠杆（包括外包、合作、共存、共享等）成为现代企业的标志。

但这并不代表市场的普遍规律，很多时候仍需考虑客户和市场的实际情况，进行垂直整合，以为企业提供更关键的战略优势。

8.3.4　整合

整合，既可以发生在企业所处的价值网络的上游或下游（即纵向整合），也可发生价值网络的同一层面（即横向整合）。横向整合是兼并收购的典型例子

（见9.3.3节"并购战略"）。这种整合方式的目的可能很多,通常包括以下几种:发展市场（增加市场的渗透率或者开发新市场）、开发产品（产品线扩展或者多样化）、应对威胁、创造协同效应（加速经验和最佳实践获取和学习的进程）以及获得税收优惠等。

纵向整合,既可以拓展价值链的上游,也可以拓展价值链的下游,分别称为后向整合与前向整合。正如前文所说,解构和模块化在许多市场中呈上升趋势。这种趋势可以被视为垂直整合的逆转,但它具有明显的局限性:通常组织的目的是将资源或进程整合到一起,即整合增值活动。

此外,解构导致的企业结构[219]变化并不一定会引起消费方式的重大变化。实际上,从消费者的角度来看,企业整合或者价值链中某个环节合作伙伴的变化并不一定会产生任何可察觉的差异。例如,星巴克的咖啡豆是由供应商提供的,辉瑞制药公司依靠学术界为其实验室引进前沿项目,但这些都不会引起消费者体验的改变。当需要美味的浓咖啡时,消费者依然会寻找最近的咖啡馆;而当需要购买药品时,消费者则会寻找最近的药店。

与消费者的观点相反,从企业的角度来看,纵向整合是一个被信息经济学完全改变的成本（或收益）分析问题[220]。在过去的20年中,市场中出现了大量的基于互联网的服务机构,可以帮助企业应对解构所导致的复杂业务[221]。

对于企业来说,整合既代表着机遇也代表着挑战,它为企业、供应商与买方提供了议价的机会。收购供应商（后向整合）可以消除限制并使企业释放新的活力。但它也可能带来意想不到的挑战和竞争压力,从而影响核心竞争力并恶化品牌形象。通常,整合带来的收益需要经过咨询师的风险评估。在收益方面,前向整合和横向整合可以为客户提供新的市场,而后向整合则可以为企业降低成本。在风险方面,横向整合会引起市场的竞争反应,并减弱对特定客户的聚焦,而纵向整合会使企业面临进入新行业所带来的风险。

值得关注的是,纵向整合可以使价值网络以及企业所处的市场环境发生改变,但这种改变通常顾客不会察觉到[219],而咨询师则要全程参与,并进行客观、科学的分析。

8.3.5　投资组合战略

在金融领域,大多数的投资决策都用到投资组合理论[222]。举个简单的例子,从长远来看,投资多支股票总是能①获得更多的收益,这可以通过简单的数

---

① 但不同股票之间几乎完全相关的情况除外。

学推导来证明。用二维坐标轴来表示企业或个人拥有股票的预期收益和预期风险，其中 x 轴表示预期收益，y 轴表示预期风险。总预期收益和总预期风险函数不仅取决于每个股票的收益和风险，还取决于表征每对股票演变的相关因子。对于 n 只股票来说，相关因子的数量为 $n!$，其公式为 $n! = n \times (n-1) \times (n-2) \times (n-3) \times \cdots \times 1$，由于 $n! \gg n$，当给定的投资组合方案中 n 值足够大，总投资收益（和风险）与单只股票的投资收益（和风险）的关系不大，主要由股票间的相关性影响。因此，投资多只股票带来的收益（和风险）远远超出了单只股票所带来的收益（和风险）。理解这一点不难，假设由 10 只股票组成的投资组合，即 $n = 10$，则 $n! = 36288000$。每只股票对投资组合的总预期收益（和总预期风险）的影响不到 0.001%，99.99% 是由股票之间的相关性影响的。

　　介绍金融领域的投资组合理论概念，有助于理解管理咨询领域的投资组合理论的概念。实际上，金融领域开发的数学理论只是提供了投资组合理论的基础框架，在管理咨询领域已经提出了很多不同的投资组合管理方法（图 8.3）。

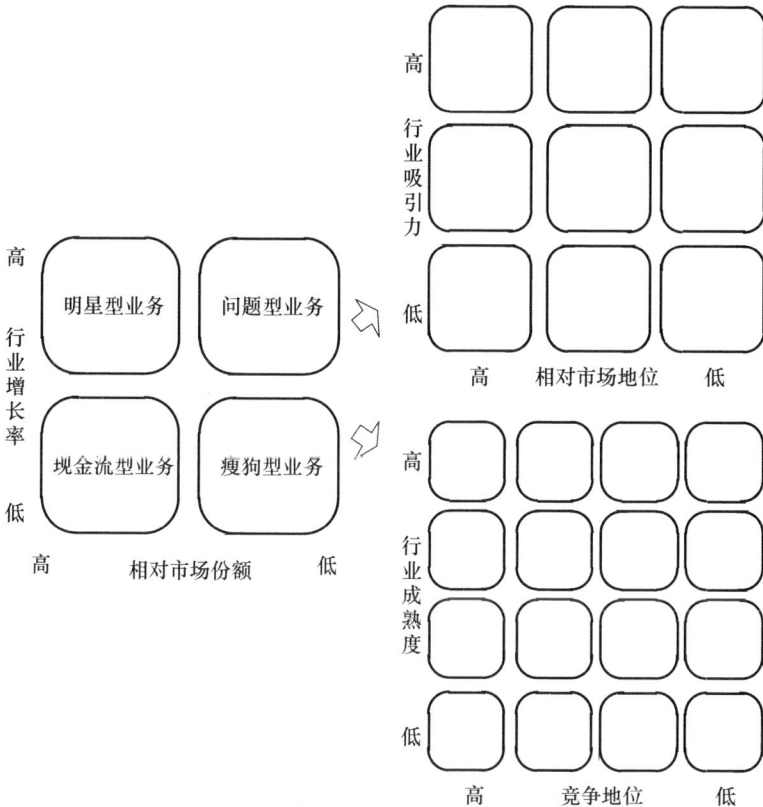

图 8.3　策略矩阵（左：BCG 矩阵，右上：麦肯锡矩阵，右下：ADL 矩阵）

在投资组合战略中,企业既要对需要继续或开始投资的产品和业务做出选择,也要对需要出售的产品和业务做出选择[84]。目前,三种比较常用的投资组合管理战略是 BCG 矩阵、麦肯锡矩阵和 ADL 矩阵[100]。这三种战略的不同之处在于,影响投资组合管理和决策制定的主要因素不同。同时,这三种战略的粒度级别也不同(BCG 有 4 个条目,麦肯锡有 9 个条目,ADL 有 16 个条目)。但这三种战略也具有相同之处,即它们都依赖于两个变量:预期收益变量和预期风险变量的简单延伸。在之前的金融通用理论中介绍过这两个概念,但是进入商业管理领域后这两个概念就被量化了。

在 BCG 矩阵中,市场份额和市场增长是决定战略决策的关键影响因素(BCG 矩阵的每个维度有两个级别,从而产生一个四象限矩阵)。在麦肯锡矩阵中,市场地位和行业吸引力是决定战略决策的关键影响因素(例如波特提出的 5 种力量)。在 ADL 矩阵中,竞争地位和行业成熟度决定战略决策的关键影响因素。在实际操作中,每个公司的现实情况不同,咨询师需要对这些变量进行重新定义。其中,市场份额、市场地位和竞争地位与公司的优劣势有关;市场增长、行业吸引力和行业成熟度与特定行业的机遇和挑战有关。

麦肯锡矩阵和 ADL 矩阵适用于战略业务单位(Strategic Business Units, SBU[223]),而非单个产品。BCG 矩阵既适用于 SBU,也适用于单个产品。下面以 BCG 矩阵为例进行详细介绍,其四个象限已成为流行的商业分类。

· 明星型业务——在高增长行业中占据较高的市场份额,需要精英管理才能保持竞争优势。

· 现金流型业务——在低增长行业中占据较高的市场份额。如果某个行业领域不具备较好的发展前景,则最好将投资收益用于资助其他更具创新性的项目(例如问题型业务),以确保长期的投资收益。

· 问题型业务——在高增长行业中占据较低的市场份额。问题型业务相对于明星型业务和现金流型业务的回报率较低,但却有可能发展为明星型业务。问题型业务如同问题少年,投入资金并不一定保证能使其发展为明星型业务,但如果不投入资金,则它必将发展为瘦狗型业务。在企业的发展和创新过程中,应定期引入一些问题型业务,以保持企业健康的发展前景。

· 瘦狗型业务——在低增长行业中占据较低的市场份额。瘦狗型业务本质上依靠不断的资金投入维持经营。

根据产品生命周期理论(将在市场分析部分进行介绍),明星型业务最终会停止增长。在 BCG 矩阵中成功的投资策略是用现金流型业务资助问题型业务,使其最终发展为明星型业务,而明星型业务会逐渐转变为现金流型业务。因此,决定投资哪一项问题型业务是成功的关键。由于一些业务看起来像瘦狗型业务,但是经过创新者的颠覆性改造后则会发展为明星型业务,这就增加了企业问题型业务投资选择的复杂性。

BCG 矩阵、麦肯锡矩阵、ADL 矩阵等投资组合矩阵的广泛应用表明:咨询师可以根据客户和案例的实际情况,灵活地选择客户增长和市场机遇增加两个变量。投资组合矩阵的定制化特性,为咨询师厘清产品(或业务)间的相互关系提供了便利。正如金融领域的表亲理论所说,企业的投资组合更多地受不同业务间的相互关系和协同作用的影响,而非个人业务的增长。

8.3.6　协同作用

投资组合理论表明,企业开展的不同业务之间的契合非常重要,而不同业务之间的相互关系则可以运用金融理论来量化。定义和量化协同作用,对于运用高投资运营方式(如合并收购)尤为重要。并购的目标可以通过数学等式(例如净现值(NPV)和市盈率(p/e))来进行评估,并且在这些方程中整合协同效应可能会有显著效果。例如,如果在 NPV 等式中为折现协同作用增加一个有效期限[224],那么就要以处理有形资产的方式处理协同效应。因此,无论是计算净现值还是市盈率,都要注重协同作用所产生的影响。

当不深入考虑定量评估细节时,了解掌握企业可能产生或改善的协同作用是十分有用的。两项业务之间的协同作用可以分为四种类型[100]:

· 市场协同效应,即企业的某项业务利用另一项业务已积累的客户群、分销渠道或品牌识别等。

· 产品协同效应,即企业开展的某项业务拓展了另一项业务的产品线,这样可以解决原本遗留的剩余产能,提高企业与供应商的议价能力(即改善采购渠道),或者企业利用其他业务已有的人才(如会计师、工程师)来开展另一项业务。

· 技术协同效应,即企业开展某项业务时,使用已有业务中相对成熟的运营技术(如流程设计、设备、运输、IT 平台等),达到提高价值回报率和降低运营成本的效果。

· 无形协同效应,即企业将某项业务的管理诀窍和商业模式有效地运用到另一项业务中。

8.3.7　安索夫增长矩阵

企业发展战略具有多样化的特性,且与企业所处的市场环境具有密切关系。管理咨询理论为增长战略的选择提供了"路线图",这对咨询师来说是十分重要的。根据"路线图",在客户面临多个潜在高风险战略时,可以为其提供比较详尽的选择方案。

除包含内部扩张和并购扩张等"有机与非有机"增长概念外,安索夫矩阵[153]还可对增长战略进行高级别分类。

最大限度降低成本、实现价值最大化无疑是企业的最终追求目标。因此,增长战略的本质在于如何使企业以较低的成本生产出较好的产品,从而提高产品的销售量,增加企业的利润。但是,由于与利益相关者的可及性和认知(如促销、分销渠道、定价)相关的许多策略(而不是产品的实际特征)可以提高采购水平,因此,伊戈尔·安索夫为企业扩张定义了两条路线[153]:产品开发和市场开发(见图8.4)。

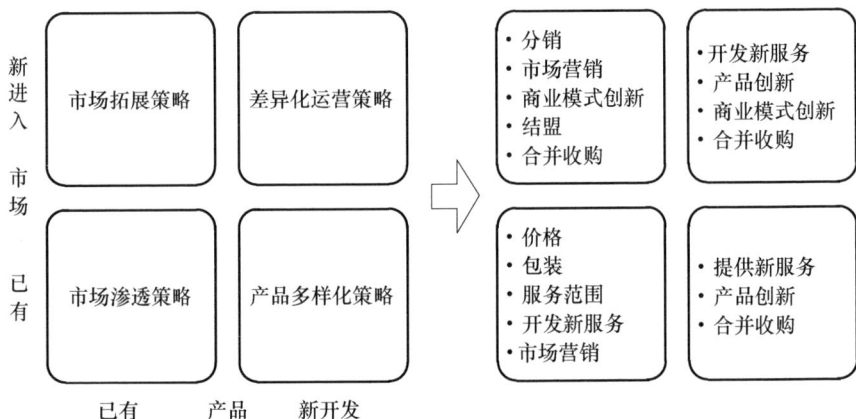

图8.4　安索夫矩阵各象限的策略选择

安索夫矩阵分为四个象限,基本覆盖了增长战略的全部选择。这四个象限分别为:市场渗透策略(在同一市场销售更多相同的产品)、市场拓展策略(开发新市场销售相同的产品)、产品多样化策略(在同一市场销售新产品)、差异化运营策略(在新市场销售新产品)。其中,差异化运营策略最具复杂性和不可预知性。因此,在进行战略选择时,应优先考虑与现有业务最具协同效应的战略。

图8.4列举了安索夫矩阵四种策略的相关示例。安索夫矩阵的意义在于,为不同案例、不同客户制定增长战略提供了便利途径。增长战略有时是多个象限策略的组合,伊戈尔·安索夫也指出同时追求多种策略的组合,对企业的长期发展十分重要[153]。随着选择范围的缩小、发展直至最终实施,许多因素都可能会影响所选行动方案的执行效果和执行范围。

8.3.8　创新战略

创新战略是企业成长战略的特殊案例，其特殊性体现在独特的投资回报/投资风险方式，以及为企业带来的不同寻常的发展道路。创新是大多数市场增长的关键战略杠杆，这主要是因为：第一，创新的形式多样化，并不一定要求产品创新或者技术创新，也可以是商业模式创新等各种形式的创新[76]；第二，创新不意味着彻底改变。如今，大多数企业如果想在激烈的市场竞争中生存、发展，都必须定期地进行创新。本节将对增量型创新战略（亦称持续创新战略）、颠覆性创新战略[18]和蓝海战略[77]等三种创新战略进行介绍。

1. 持续创新

持续创新的重点是改善特定市场中的特定产品。它延续了当前的性能维度，通过对现有产品/服务线发展趋势的预测，进行增量型创新调整，以满足消费者对产品的偏好。而颠覆性创新战略的最终目的是推出新的产品/服务以取代原来的市场，二者之间具有本质的区别。持续创新战略可以为企业提供明显的竞争优势，企业通过不断改善原有的产品/服务线，吸引更多、更有价值的客户，从而获取更高的利润。

持续创新已经成为很多企业生存的必要条件[18]。例如，在 SaaS（Software-as-a-Service）公司中，软件需要定期的升级更新，这捆绑在客户购买的产品服务中。因此，持续创新是商业模式的一个重要组成部分[18,19,75]。

2. 颠覆性创新

颠覆性创新旨在改变原有市场、创造新的市场。颠覆性创新包含两种类型：一是非消费型，即锁定现有产品没有服务到的顾客群体从而产生新的市场；二是过度服务型，即竞争现有市场上的低端消费者[19]。

非消费型定义了一个目标市场，该市场是由对现有产品不满意的消费者组成的。其中微妙之处在于，消费者不一定意识到他们的问题现在可以以更好的方式得到解决。因此，当咨询师试图定义非消费时，必须直接解决一些需要解决的问题、完成一些要做的工作[19]，而不是仅仅询问目标市场上已有产品的客户满意度。消费者通过非最优解决方案来满足这些需求，因此有大量的机会将把更好地满足这些需求的价值主张推向市场。

此外，瞄准未开发的市场空间使得现有参与者的竞争反应达到了最小化，因为创新响应了新市场的需求，而新市场不涉及任何现有参与者主导的市场。

对于过度服务型来说，创新者会把低端消费者作为开发对象。哈佛大学的克莱顿·克里斯坦森教授指出，供应商提供的技术改进往往超过消费者对技术的需求,换句话说,消费者通常不愿意为增值服务买单。

从企业的角度来看,在过度服务的市场中产品的价格和成本并不匹配。价格可以根据消费者的支付意愿进行调整,但成本往往不会因此降低。由于新产品逐步占据市场,企业已经无法改变旧产品现有的市场状况。在这个行业生命周期阶段,低端消费者会期望能够免费获得旧产品的增值服务。

什么是企业最好的选择呢?对于主流市场的老牌运营商来说,他们可能已经形成了资源、流程及品牌价值定位等难以降级的商业模式,而这种模式主要是针对于高端客户。高端客户可以分为两种类型:一种类型是与过度服务型客户形成鲜明对比的客户,他们十分关注产品的增值服务(例如,专业会计师关注微软软件产品的增强功能,而家庭则偏好于简单的 Intuit 的 QuickBook 版本);另一种类型的高端客户则是由于情感理由而偏好于高端小众产品(例如跑车爱好者会更喜欢保时捷的最新产品,而不是斯巴鲁的产品)。克里斯坦森教授对这一现象做了概述:颠覆性创新将现有企业推向高端市场,并创造有利于新进入者的环境[18]。

从战略的角度来看,创新盈利模式的新企业通常能够有效满足过度服务型客户的需求。新的模式通常更加关注产品的简单性、便利性、可负担性和可及性等因素,以便使产品成功进入过度服务型市场。但这并不意味着现存企业无法与颠覆性初创公司竞争,这是因为初创公司不一定是新进入者。

科学、合理的发展计划能够促进企业与子公司之间的能力交换,使二者能够利用对方的优势挤占市场,从而使新进入者无法参与竞争。因此,当咨询师为大型企业工作时,帮助其建立一个独立的业务部门,对于实施颠覆性创新战略至关重要。

如何发现潜在的颠覆性创新?答案存在于了解客户需求,并基于客户需求制定创新计划。为了支持创新,克莱顿·克里斯坦森教授提出了"待完成工作"(Jobs – to – be – Done)的概念,作为有效分割市场的方法。这是由于人口统计学变量或心理学变量,如年龄、收入、专业等,细分市场中的个人需求可能会产生较大的差异,使客户阐述的特定需求受到影响,从而限制了先前产品的营销活动。因此,克里斯坦森教授提出把客户的最终目的作为细分市场的标准。换句话说,"待完成工作"概念建议咨询师在询问顾客试图达到什么目的后对市场进行细分。

创新特别是颠覆性创新,并不一定要求技术革新或者产品创新,有时创新商业模式同样可以达到重塑市场的目的。Netflix、谷歌和亚马逊等企业的案例就是最好的说明,它们在没有任何新技术突破的情况下,对商业模式进行了创新,从而重新定义了整个行业的发展动向。

3. 蓝海战略

蓝海战略概念的提出晚于颠覆性创新概念，但二者十分接近，主要区别在于创始人定义战略的应用环境不同。与破坏现有市场的颠覆性创新相比，蓝海战略的重点在于实现新市场的颠覆性创新。通常，激烈竞争的饱和市场被称为红海，蓝海战略的名字正是起源于此，它是指在无人竞争的市场中进行开拓的战略。但这种非竞争性并不是一成不变的，随着新市场的不断发展，必然会对现有市场产生影响。从这个意义上讲，颠覆性创新战略强调了不同市场之间可能存在的破坏潜力，可以使咨询师对市场发展有更全面的考虑。

蓝海战略与颠覆性创新战略的不同之处还在于提出创新的方式不同。价值创新是蓝海战略的基石，蓝海战略旨在使企业摆脱竞争，通过同时利用差异化战略和低成本战略使企业获得利润，这对认为差异化与成本必须权衡取舍的传统观点形成了挑战。蓝海战略认为不断地"创新"差异化实际上可以实现低成本，即创新的差异化可以打开未开发的市场空间的大门，使企业在没有竞争的情况下，维持低成本优势。

蓝海战略和颠覆性创新战略是两种不同的方法，有各自的优势和适用范围，可以将它们结合起来制定最适合客户的定制策略。采用这两种方法时需要区分何时适用颠覆性创新战略和蓝海战略，何时适用传统增长战略（持续创新），并且需要创建新客户细分方案。

8.3.9　信息发布

信息发布是竞争组织之间的一种沟通形式。反托拉斯法对企业之间直接沟通进行了限制，这是由于直接沟通会加剧少数企业对市场的垄断，损害消费者的利益。

同玩扑克牌一样，表明意图是所有玩家的重要筹码，需要运用十分微妙的策略，其结果可能使所有玩家互惠互利。例如，如果市场参与者公开表示其广告预算与竞争对手的广告投资相匹配，则表明广告会带来一定的成本效益。事实上，如果市场参与者之间为了应对彼此的最新降价促销活动而不断增加各自的预算，那么就很可能会降低成本效益，不会影响市场份额，进而对所有的参与者产生不利影响。市场有多大，市场机会就有多大。

信息发布可以避免价格战的发生，价格战通常会使所有参与者的利益受损。例如，如果 A 公司公开宣布产品的降价活动只是暂时的，则它向竞争对手 B 公司发布了不会长期保持低价的意图。在这个例子中，B 公司有两种选择，一是紧跟 A 公司对价格做出临时调整，一是等待机会以后再作价格调整。如果 B 公司选择等待,为了长期的合作,它会期望 A 公司调回价格而不是长久的降价。如果 A 公司无视 B 公司的友好行为,没有调回价格而是长久保持低价状态,则表明 A 公司的"单赢"态度,从而会引发 A 公司与 B 公司之间长期的价格战。

再比如,如果一家公司对外发布信息,明确表示会实行低成本运行的商业模式,其产品价格将低于同行业的其他竞争对手。在这种情况下,只有那些具有潜力并有意争夺低端消费市场的竞争者会随之做出价格调整。其他公司尤其是相对较小的公司,则可能会退出低端消费市场,将公司的发展聚焦到更高端的小众产品上。在这个例子中,在使消费者受益的同时,市场竞争者之间也有可能实现互惠互利。

信息发布的微妙之处在于,不同的企业可能会以不同的方式发布信息,并且有时企业会对对手发布的信息加以利用。在上面的例子中,A 公司宣布暂时推行促销活动,B 公司可能做出友善的反应,期待 A 公司后期结束促销活动调回价格,也可能无视 A 公司发布的短暂促销的信息直接降价,这就会使早期参与价格竞争的企业处于优势的竞争地位。信息发布导致的这种困境被称为囚徒困境。

囚徒困境的概念源于博弈论,是数学家阿尔伯特·塔克在 20 世纪 50 年代提出的,运用于经济学、社会学、生物学和心理学等多个领域。囚徒困境提出了是追求各自利益还是寻求合作的决策困境。通常,相对于追求各自利益来说,合作能为彼此竞争的企业带来更多的利益。但困境在于,如果 A 公司选择合作,而 B 公司选择牺牲 A 公司独自占有市场,那 B 公司就会最终获得市场。因此,在面对决策困境时,信任、自信、对彼此信心的感知、害怕报复等是进行抉择的关键。基本上,扑克牌游戏的所有属性都包含在其中了。

下面以可口可乐公司降价为例对囚徒困境做进一步的分析。面对可口可乐公司的降价决定,作为竞争对手的百事可乐公司可能别无选择跟着做出降价决定,继而可能会维持两家公司之间先前达成的市场份额的均衡,并导致两家公司的利润都大幅下降。如果百事公司以"合作"的精神继续保持高价,而可口可乐公司以"背叛"为目的长期保持低价,就会把百事公司挤出市场,获得最终的胜利。只有当两家公司都遵守隐性协议的精神保持高价,才能使彼此都获得相对较高的利润。囚徒困境中,A 公司与 B 公司在不同情况下的收益情况可以运用支付矩阵来表示,具体如图 8.5 所示。

摆脱囚徒困境的基本遵循是竞争对手都遵守隐性协议,从合作中受益。由于隐性协议不是明确的法律规定,因此公司在执行短期营销策略时,要采用更加具体的形式(如公共关系、电视广播等)进行发布,使竞争对手更加明确自己的短期营销意图。

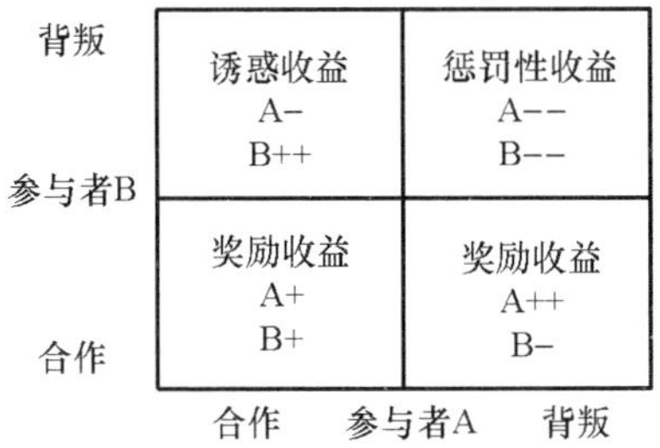

图 8.5　囚徒困境收益矩阵

8.4　营销战略

8.4.1　消费者细分

消费者细分对于企业来说十分重要。通过细分消费者,不仅可以了解各类消费者的需求、购买力,明确每个细分市场的竞争者,还可以有效调整企业的价值主张。消费者细分的维度有很多,它们彼此之间相互作用使划分消费者的标准复杂多样。

信息技术和大数据的发展,使企业可以对产品交易进行追踪与分析[13],从而能够为单个消费者提供定制服务[232]。但是,将消费者细分为"集群"仍然很重要,这有助于企业保持规模经济、制定更加有效的营销计划。虽然通过大数据分析可以实现消费者的需求,但定制服务不是消费者划分的新趋势,而是特定细分市场的新特征[233]。

消费者细分的维度有以下四类:
・地理:国家、州、地区、城市。
・人口统计:年龄、性别、收入、婚姻状况、教育、职业、种族、宗教。
・心理学:生活方式、活动、兴趣、观点、个性(例如冒险、上进、保守、强迫)。
・行为:谋取利益、购买行为(例如定期购买、礼品、度假、季节性、对降价和促销的反应)、品牌忠诚度。

可以从以下四个方面对以上四个维度进行衡量[46]:
・可衡量性:细分消费者的可辨识性和衡量性。
・可访问性:细分消费者的可接触性(广告、传单)。
・盈利能力:细分消费者的盈利能力如何,以及最近增长情况。
・兼容性:细分消费者对企业能力和竞争优势的适应性。

在管理咨询中,通常用相对容易量化的地理、人口统计和心理属性对消费者进行细分,但由于以这几个维度进行的消费者细分在实际需求和利益诉求上可能存在很大程度的可变性,因此许多学者认为应该把行为环境,特别是明确表达的需求和利益诉求(即要完成的工作),作为分割市场的最终维度。在进行消费者细分时,明确消费者购买产品的最终目的是制定分割策略的关键,好的消费者细分策略可以发挥如同创新产品或创新商业模式一样重要的作用。

8.4.2　市场分析

市场分析与消费者细分类似,但它的关注点不再是消费者个体,而是市场的整体属性,如市场总的潜在规模、生命周期、竞争基础、政府角色、进入壁垒、成本结构基准[100]。这里定义的市场可以是企业所处的整个市场,也可以是某个分支。

产品生命周期是一个常用概念,因为它在所有行业都采用了类似的形状曲线[234];只有时间轴可能会有所不同。通常,将生命周期分为四个阶段:引入期(小斜率)、增长期(指数斜率),成熟期(零斜率)和衰退期(负斜率)。

在产品生命周期的不同阶段采用的市场营销手段不同[100]。在产品进入市场的早期,需要在广告和宣传方面投入较高的资本;当产品的性能和价格被市场接受后,又需要对产品进行更加准确的定位以争取更多的顾客,从而更好地应对市场竞争。

在增长期,即早期购买阶段,可供消费者选择的同类替代品会逐渐增多,竞争也会随之不断加剧。在这一阶段,应根据实际情况权衡利弊,综合运用优化产品设计、提高生产效率、加大广告宣传力度等多种营销手段[100]。

进入成熟期,市场会出现消费者被过度服务的现象[18,75]。大多数消费者对产品功能的需求已被标准化,新增加的功能不能为企业带来更多利润,反而增加了生产成本。这一阶段,市场的主流消费者被过度服务,价格竞争加剧,低成本的大众产品冲击市场,品牌忠诚度和广告宣传成为企业获取成功的关键营销手段[100]。企业通常会向更具差异化和更高端的细分市场转移,在小众市场进行竞争[18]。

到了衰退期,企业在市场中的盈利能力下降,产品的价格下降,销售商和消费者的数量也明显减少,新消费者通常被称为落后者。这一阶段,消费者已熟知产品的性能,对其新增加的功能热情不高,广告宣传的效率相对较低。企业建立的贸易关系,如长期积累的商业伙伴、分销商网络等,称为最具潜力的营销途径[100]。

对于企业发展来说,要充分识别、利用增长期和成熟期来发展业务,同时做好应对衰退期的准备。例如,可以利用成熟资金产生获得的收益开发更年轻和更有可能取得成功的产品。因此,企业应该适时规划未来几个月(如服装部门)

或者几十年(如某些能源部门)的创新增长战略。

产品生命周期各阶段的营销策略较为通用,但不同行业的竞争基础和关键成功因素却千差万别。例如,在医疗保健等监管严格的市场中,了解政府政策及其影响会为企业提供强大的竞争优势,能够使企业克服监管障碍,接触到更多利益相关者(如患者、医生、医院、保险公司等),从而制定比竞争对手更有效的发展决策。但在其他市场中,例如新闻业,政府政策的影响则显得不那么重要。

影响企业成功的关键因素有很多,例如品牌认知度、企业声誉、客户忠诚度、研发能力、高技能劳动力的获取、最佳的产能利用率、采用新技术的能力、与主要市场的接近程度、对分销渠道的控制等,这还只是其中的几个例子。例如,IBISWorld 公司对美国市场做了 700 份分析报告,并从中确定了 250 个关键成功因素。

正如前文所提到的,市场及市场细分也不是一成不变的,竞争基础和关键成功因素有可能随着时间缓慢发展甚至彻底改变。例如,创新细分方案有可能会引起细分市场边界的重新定义,从而导致关键成功因素的改变,颠覆性创新和蓝海战略就是基于这一基础提出的。

8.4.3　竞争分析

客户划分和市场分析有助于咨询师更好地了解公司所关注的细分市场,但为了使营销策略更加充分有效,咨询师还必须对同类产品和替代品进行基准测试,收集有关市场竞争格局的整体信息。

准确把握市场竞争格局的关键在于正确分析企业面临的问题和关键的成功因素,具体包括:核心竞争力(优于其他公司的产品或能力)、企业资源(劳动力、技术、研发能力、专利、现金储备、销售人员)、企业文化(短期及长期目标、专业化策略、产品聚焦策略)、市场分割(主要参与者、持股情况)、市场定位(价格、促销、分销、包装)、进入壁垒和历史业绩等。

SWOT 分析法是制定发展战略常用的方法,它通过分析企业自身发展的优势(S)、劣势(W)以及外部环境(竞争对手、客户、政府,等等)所带来的机遇(O)、挑战(W),为企业制定发展战略提供决策依据。运用 SWOT 分析研究市场发展态势,需要构造由优势、劣势、机遇、挑战等组成的 SWOT 分析矩阵。咨询师通过构造 SWOT 矩阵,列举客户与竞争对手的优势、劣势、机遇与挑战,有助于更好地从不同市场参与者的角度理解机遇与挑战。

8.4.4　市场定位

"消费者对产品的偏好远比产品的实际性能重要,因为他们更相信自己的

感觉。"——Al Ries&Jack Trout,1972[239]

市场定位可以理解为企业试图在消费者心目中创造的独特印象。它决定了单个产品、品牌或者系列产品相对于其他竞争产品的在客户心目中所占据的位置。产品定位受企业整体公众形象的影响,即受当前和潜在客户对企业看法的影响。因此,咨询师需要对企业公众形象与自身形象的一致性进行评估。

在本节中,将介绍两种关于制定市场定位策略的简单方法,用作规划市场营销和行动方案的清单和心理路线图。更高级的营销策略将在下一章进行介绍。

1.4P 营销理论

4P 营销理论为推销产品提供了理论框架,为咨询师制定行动方案提供了便捷的路线图。在 4P 营销理论中,每一项都可以针对特定案例和特定客户的具体情况进行利弊权衡。

运用 4P 营销理论时,应遵循以下两条原则:一是要根据案例和消费者的具体情况来分析特定项的战略价值;二是 4P 之间彼此耦合、互为支撑。

1)产品(Product)

产品的许多特征都可以用来进行市场定位,例如,特性(功能、尺寸、颜色、形状、样式)、与其他产品线和业务部门的契合度(协同效应)、可靠性(保修、退货政策)、便利性、包装(颜色、尺寸、形状、保护措施)、服务(准时、礼貌)、品牌(知觉图、标签风格、品牌合作)。

2)渠道(Place)

分销渠道与销售渠道有多种,既可以是独家销售(在唯一的销售点销售),也可以是多家销售(在已选的多家销售点销售),还可以是密集销售(在尽可能多的销售点进行大规模销售)。最终选择何种渠道取决于产品的性质和企业的目标(企业对销售渠道的控制能力以及目标利润率)。

3)价格(Price)

根据第 5 章的标准定价框架,产品定价应综合考虑成本、竞争对手、客户(感知价值、弹性需求)等因素。另外,还有动态定价,例如:按季节型需求定价(航空公司常用的定价方式)、短暂性价格(在竞争开始前,产品以高价进入市场实现利润最大化),以及渗透价格(在竞争开始前,产品以低价推出以实现市场份额最大化的目的)。

4)促销(Promotions)

促销包括所有的广告计划与营销计划。促销途径既可以是吸引更多客户进店购买,也可以是拓展销售渠道。由此,可以把促销策略分为推或拉两种形式,有时促销策略也可以是这种策略的结合。依据史蒂文·西尔比格在《MBA 十日读》一书中的说法,可以把促销活动分为六种类型:

·价格优惠促销（Sales Promotions）：优惠券、折扣/返现、样品、保费（例如购买其他商品时提供的免费产品）、游戏/竞赛（例如麦当劳每年反复推出的"大富翁"游戏）。

·销售渠道促销（Channel Promotions）：实体店内展示、销售点展示（例如CVS、Walgreens 店内的展台）、销售奖励（例如时间费用、最佳销售奖、免费商品），也通过贸易展览扩展经销商网络。

·广告宣传（Advertising）：广告宣传的形式多样，既有传统方式，如报纸、杂志、电视广告等，也有现代方式，如网站横幅、弹出窗口、关键字搜索等。

·销售员销售（Personal Sales）：在特定行业中，销售员和销售网络是产品推广的关键因素。比如在制药行业，制药公司关于药品不同程度可靠性的复杂实验结果，是最终获取医生支持的依据。通常，一对一会面、专题讨论会、Visio 会议是制药公司与医生进行沟通的最有效方式。

·直销（Direct Sales）：通常采用互联网、电子邮件及目录等方式。除了亚马逊外，可能影响消费者对产品看法的相关网站也是常采用的直销途径之一。

·公共关系（Public Relations）：新闻发布会、电影和新闻宣传、病毒营销（口碑营销、网站推广）以及冠名赞助、慈善活动赞助等。

2.5C 营销理论

相较于 4P 营销理论框架，5C 营销理论框架的行动导向更少，但辐射的因素范围更广，不仅涵盖了 4P 营销理论，而且覆盖了可能影响企业发展的人为因素和环境因素，从而影响公司的市场定位。

·公司（Company）：包括核心竞争力、资源、流程、目标、价值观（文化）……以及 4P 营销，等等。

·竞争对手（The Competitors）：竞争可以是直接的（如同类产品），也可以是间接的（如替代产品），还可以是潜在的。它不仅包括核心竞争力、资源、流程、目标、价值观（文化）、4P 营销等因素，还涉及市场份额、历史业绩以及市场发展趋势等因素。

·消费者（The Customers）：包括细分消费者的特点、规模、发展、需求、动机、行为、销售渠道等。

·合作伙伴（The Collaborators）：包括供应商、分销商、承担财产连带责任的合作伙伴，以及负责人力资源、IT、法律、国际贸易的专家、顾问、机构等。

·环境（The Climate）：通常是由宏观环境因素决定的，如政治因素（如政府的参与度及颁布的政策）、经济因素（如通货膨胀率、汇率）、社会因素（如社会文化、道德规范、教育水平）、技术，可以运用 PEST 方法对这四个因素进行分析。

8.4.5　标杆管理

无论多么完美的管理咨询战略在实施过程中都会受诸多因素的干扰影响，如组织设计、技术使用、人员配置、网络能力等。在特定市场中，管理咨询战略的成功实施，既与环境因素的综合作用有关，也与企业在环境因素综合作用下的创新速度有关。因此，借鉴世界级大公司成功运营的经验，不仅能够加快企业制定发展战略的进程，而且有助于企业确定影响自身成功的关键因素。以世界级公司的成功案例为标杆制定企业发展战略，并不意味着照搬经验，咨询师可以根据企业的实际情况进行调整与创新。

管理咨询师通常利用标杆管理，寻找企业与标杆企业之间的共同点，以便快速熟悉市场、确定企业潜在的战略杠杆。产品、流程、能力及文化都可用作标杆。成功实施标杆管理的关键，不仅要了解掌握标杆企业的业绩，更要了解使企业取得这些业绩的原因。只有这样，管理咨询师才能更好地对标杆因素进行调整，以适应特定客户的实际情况。

实施标杆管理的步骤可以分为以下几步(改编自参考文献[5])：

(1)选择关键绩效数据作为标杆。

(2)根据所选数据确定最佳标杆公司。

(3)衡量客户与标杆公司之间的绩效差距。

(4)确定导致绩效差异的因素。

(5)阐明客户在这些因素作用下的具体做法。

(6)阐明标杆企业在这些因素作用下的具体做法。

(7)确定短期和长期的绩效目标。

(8)制定行动方案，明确进程安排。

(9)建立绩效考查系统。

(10)协助实施。

以下是不同市场标杆企业经验做法的共同因子：

· 以客户为中心是大多数成功公司的经验做法。

· 注重企业整体的学习能力，创造开放性文化学习环境。

· 注重无形资产(特别是人力资本)的投资。

· 偏好采用精益生产系统(即权衡与优化生产过程中成本与增值的关系)。

第9章　管理咨询战略的原理：高阶

本章论述管理咨询的高阶战略,包括职能层战略(9.1 节)、业务层战略(9.2 节)和公司层战略(9.3 节)。如前所述,定义这三个类别只是为了讲授起来方便:战略的制定总是要通盘考虑预期活动的内在关联和外部干扰,绝非分类这么简单。

9.1　职能层战略

9.1.1　绩效战略

绩效(又称生产率)可定义为与特定的宏观经济环境、制度环境、社会环境和自然环境中使用的资源相关的产出的数量和质量的度量[244]。

本小节讨论绩效度量的范围,以及为什么过于狭隘的定义会产生误导。狭义的定义包括实物型产出/投入比、劳动生产率和资本生产率。绩效实际上是许多利益相关者共同努力的结果,每一个利益相关者对组织有效性都有不同的目标和看法,因此衡量整个公司的生产率应考虑一系列动态变化的内部和外部因素。如此理解,才能讨论改进绩效的常用方法。9.1.2 节将详细介绍一种特殊类型的绩效改进计划,即全面质量管理[245]。

1. 如何度量绩效?

传统上,生产率被视为(实物型)产出与投入的比率。这种度量具有误导性,因为投入的度量定义不明确:它可能因劳动力、资本、技术、流程、系统、知识、技能、管理、文化、物流和其他因素而不同。产出本身也可能随客户满意度、客户认知、股东认知和产品生命周期而变化。许多这样的因素不在客户的控制之下。例如,某些资源(如技能人才、土地和原料)的净值易随政府政策、国际贸易协定、技术突破或社会环境的变化而波动。

盈利能力和投资回报率是公司整体绩效的更有用的指标,因为它们隐含地考虑了许多因素,并将重点放在成功的关键驱动因素——短期财务绩效上。但是基于客户的度量(满意度、忠诚度、市场份额)、基于资源的度量(技能发展、员工保有率)和基于流程的度量(卓越运作)这些维度不明确,而这些维度是支撑长期成功的先决条件。

基准测试[5]表明,顶尖公司认为建立至少包含财务绩效、股东价值、员工满意度和客户满意度这四个驱动因素的绩效度量指标是很有必要的。咨询师应采纳各种利益相关方的观点来确立这些指标,通过对客户、员工、股东、业主、供应商、社区的调查、观察和直接访谈来收集信息,有助于防止因专注于一项成功指标而导致的短视。如前所述,绩效是许多具有不同目标和看法的利益相关方共同努力的结果……

2. 创新是实现长期绩效的必要条件

许多因素是无法被控制和预测的,如社会环境、消费者习惯、新技术。因此,企业应该总是愿意承担合理的风险,并鼓励创新学习。今天大多数成功的企业已经从传统的投入聚焦型和资源配置型转向了现代的客户聚焦型和资源吸引型。换言之,他们培养企业家精神和创新友好型的学习环境,将所有注意力集中在为客户增加的价值上。例如,"敏捷"(Agile)方法强调将项目分配给4~5人组成的自组织小组,并在利益相关者中不断轮替。传统的员工绩效评级体系正在被更频繁的员工—经理间的交流与培训所取代,因为这样可以更好地鼓励协作和风险承担。这些做法减少了员工的焦虑,同时更注重自身的实际表现,而非管理者对其的评判[246]。

其他在当今市场上已司空见惯的绩效改进创新实践包括信息技术(准时交货、降低交易成本、智能客户购买数据)、内部知识共享(每周圆桌讨论、实践社区)和外部共生伙伴关系(一站式服务提供、竞争对手之间共存)。

这些创新实践是在当今高新技术市场中保持竞争力的先决条件。但咨询师还需要研究这些资源和优先事项与客户具体战略和流程的契合度[19]。能否发挥出这些创新理念的潜力,取决于对客户能力范围内创新理念的不同整合方式。

3. 提高绩效的战略

第一步,咨询师应评估投资少的小规模渐进式干预是否能够实现增长目标,或者是否需要更多的激进干预。

生产率的渐进提高可以通过减少浪费和不必要的资本支出来实现。例如,可以通过考查技术、过程设计、工作方法、材料选择、库存、机器维护、空间利用、员工问题等来开发预防资源浪费的管理系统,并且每次考查都要关注真正为客户提供价值的东西。

更激进的战略干预可能会耗费时间,涉及更大的支出和风险,并且会遇到很多阻力。但它抓住了获得更高回报的关键,因此在某些情况下,它是唯一可行的解决方案。

一旦明确了战略干预的形式(渐进式或激进式),咨询师就可以在绩效改进计划中调用数百种工具,从简单的头脑风暴到基准测试,再到更复杂的 IT 支持的一对一营销技术。

一项绩效改进计划应当适应特定项目和特定客户的具体情况。因此,咨询师应首先通过广泛的监测诊断当前的成果和挑战。然后,应将投资成本和投资期限与可能的收益和风险进行比较。此时,咨询师应衡量组织成熟度、自身对生产率问题的认知度及运用特定绩效改进计划的能力。咨询师应确保最高管理层全力支持该计划,并确保计划得到所有相关人员的理解。咨询师应该调查组织变革的内部阻力程度以及团队尝试新解决方案时的抗阻能力[5]。理想情况下,计划应具有普遍的吸引力,能跨组织运行,并能为不同专业领域的人员所理解。

可分为五个阶段实施绩效改进计划：

(1)明确潜在的可节省成本。例如,咨询师可以鉴别代表最大产出的产品,并研究其成本要素。

(2)根据潜在的最高回报风险比选择一个计划(见表 9.1)。

(3)从可能对所选计划产生影响的客户所在公司获得支持。

(4)明确执行所选计划的具体任务。

(5)实施绩效度量和控制系统,以评估所选计划开始运行后所取得的绩效改进。

表 9.1　30 个常见绩效改进计划示例

绩效改进计划示例		
简单	一般	复杂
·头脑风暴	·基准测试	·及时
·甘特图	·工作扩大	·任务和愿景陈述
·生产力训练	·价值分析	·供应链分析
·过程控制	·成本控制	·知识管理
·活动分析	·冲突管理	·战略联盟
·减少浪费	·周期—时间减少	·学习组织
·工作组织	·跨职能团队	·客户细分
·工作简化	·虚拟团队	·全面质量管理
·敏捷团队	·六西格玛/精益	·系统思维
·平衡计分卡	·战略联盟	
·设计思维		

9.1.2 质量管理

全面质量管理（TQM）[245,247]是一种经过40多年不断完善的绩效改进方法，它发端于日本兴起的优化与质量控制运动。全面质量管理说明了全球组织和市场从注重产品质量到注重为客户提供价值的普遍趋势。全面质量管理从最全面的视角对质量进行了定义，它涉及所有层级的战略规划、管理控制、过程设计、业务运作，强调客户满意度。全面质量管理是一个持续的过程，与任何特定的计划实施相比，它对长期的文化变迁有着更多的影响。本小节讨论全面质量管理的一些原则，以及五个实施全面质量管理的方法步骤。

质量是一个相对的术语，它可以被定义为"符合要求"。在国际标准化组织（ISO）规范里有对质量的现代阐释，ISO规范是关于质量体系的一系列国际标准，被150多个国家认可和采用[248]。例如，ISO 9000认证[249]涉及第三方审计，并已成为某些公共部门和医疗合同的强制性要求。然而，除了ISO规范，全面质量管理可以适应各种需求和情况的要求[247]。为了指导咨询师为客户制定全面质量管理战略，米兰·库伯[5]提供了全面质量管理的以下定义：

"全面质量管理提倡客户导向理念、团队精神与单位间合作、结构化问题解决、坚持质量保证标准、奖励卓越贡献和认可体系，以及追求质量改进。它创造了一个积极向上的环境，并认识到产品和服务体现了生产商的努力、创造力、价值观和集体个性。全面质量管理的基本引擎是赋权、激励和赋能。"

米兰·库伯，1977年

全面质量管理要求制定组织成员能够理解和遵循的以结果为导向的战略政策，并建立激励他们致力于全面质量管理的赋权制度。简单的例子包括培训、奖励制度、全面质量管理专项投资和管理团队。还应部署质量控制评估制度，以长期维持全面质量管理环境。与全面质量管理相关的一些基本原则包括：

· 质量度量应以客户为导向。
· 目标应从客户满意上升为客户乐意。
· 由于全面质量管理的整体性，企业高层应强力介入。
· 员工应是撬动质量的关键"杠杆"。
· 应强调团队合作，因为价值链中的所有活动都可能有助于质量提升。

实施全面质量管理战略可分为五个阶段（改编自文献[5]）。

1. 诊断Ⅰ：确定高潜力改善领域

质量需要定义为"符合某某规范"（如内部的、基准的或类似于ISO的规范),并通过质量控制制度进行度量,以量化质量问题的财务后果。

2. 诊断Ⅱ:应用"全面"概念

重点应该从最容易评估的资源、过程和决策系统开始,然后转向管理和客户问题。

3. 诊断Ⅲ:清点组织使客户满意的能力

全面质量管理的目标不仅是满足明显的需要(即客户的明确需求),还包括潜在的需要。所谓潜在需要,可以定义为如果客户的消费者了解并能够充分利用客户的所有潜能,他们最终会想要什么。研究潜在需要,即消费者心中的"未尽工作",可能会创造性地为质量提升带来意想不到的效果。这将实现向全面质量管理的战略性转变。

4. 实施

应尽早寻求最高管理层的承诺。根据诊断结果,应确定具体的质量改进计划,然后明确组织中所有团队的职责。团队、部门之间以及与供应商和客户之间的沟通流程都应进行优化,以消除妨碍价值提升的过程。简单的例子包括交付或生产瓶颈等。实施阶段应包括组织中所有行政和职能级别的针对性培训,以培养敏捷和全面的质量思维和技能。

5. 支持和评审系统

可持续的全面质量管理战略的实施应建立获得了整个组织高层的充分支持的系统(包括财务和非财务)和质量度量系统,这些系统将使最高管理层能够定期评估绩效情况,并决定是维持、修改还是取消不同的全面质量管理计划。

9.1.3　运营战略

运营是对整个价值链的物化。相关的咨询活动通常被认为是供应链管理(关于价值链和供应链之间的明确区别,见第 3 章)。价值链运营包括采购、制造、物流、分销、销售和营销。运营战略的一个关键特征是价值链各活动之间的相互依赖性:通常,在咨询师介入之前,客户自我诊断出现问题是客户企业及其价值链存在咨询服务需求的标志[5]。

运营战略可以看作是上述绩效改进战略的一个特例。因此,需要在渐进或激进的举措之间进行选择,并建立绩效标准。运营战略的绩效标准示例包括:

· 速度(过程、开发周期、资本周转)

· 质量(生产、增值重点、交叉职能、创新速度)

· 客户导向(定制、过程简化、竞争产品)

除了前面两小节中描述的一般方法外(如 Hayes、Wheelwright 和 Clark[250]

所提出的方法),咨询师熟悉接手案例的项目重点是有益的,项目重点可以是产品和服务、管理、制度、日程安排、工艺、垂直整合、人力资源、设备或分销渠道。

考虑到提高绩效的可用选项的多样性(见表9.1),咨询师应注意不要提出过多的绩效提升计划项目,或客户组织中的生产设施和员工无法消化的项目。对竞争对手进行基准测试通常有助于理解和优化价值链特征,尤其是它们潜在的复杂相互依赖关系。

9.1.4 信息技术战略

如第2章所述,计算机技术和信息经济学革命为整个管理咨询业带来了颠覆性的增长[4]。它催生了一大批各种各样的专业化IT咨询公司[12]。它影响了几乎所有行业,咨询业自然也不例外,给咨询师带来了一波新的客户问题和战略机会[13,251]。本小节讨论了信息技术支持下的业务战略的主要趋势,介绍了一些常见的咨询任务类型,这些任务主要涉及帮助客户制定信息技术战略。

1. 随着信息技术的发展,出现了什么样的变革驱动因素?

有效的变革驱动因素包括可访问性、可用性、移动性和不断增加的标准和对大型数据中心的访问量。数据中心在高度安全的机器上为大数据提供了几乎无限制的存储空间,这些机器可以从任何地方即时访问。简而言之,信息技术使企业在整个价值链中实现了从供应商到客户的端到端的信息流动。

2. 信息技术革命使挑战从"信息"转向"知识"

可以免费或低成本获得的大量数据带来了新的信息过载的挑战,从而促进了从不同来源的噪声数据中搜索有用信息的工具和方法的发展[52,97]。如第2章、第6章和第7章所述,在人工智能和机器学习领域出现了一些全新的技术[66,96,252]。这方面的专业技能在过去只需要"软"技能的业务领域变得至关重要[98]。例如,大数据分析工具使市场营销部门能够根据客户信用卡购买情况,瞬间获取数千人的详细特征[52,97]。而几天之后,又会有大量的数据产生,这些数据如此庞大,以至于在许多情况下,只有复杂的统计方法才有可能发现数据中有意义的模式[66,252]。

3. 信息技术创造了新的市场空间

对能够实施、维护和有效使用大规模信息系统的熟练劳动力需求的增加,为外部信息技术机构创造了许多机会[69]。尽管持续的信息技术创新是必要的(见下文的讨论),而且外包抑制了创新能力[253],但对于大多数公司来说,保留一支员工队伍专门来开发和运维自己的信息技术系统是不经济的[69]。

客户期望管理咨询师能带来高度多样化的技能,帮助缩短技术人员和业务人员之间的能力差距。如第 3 章所述,这些多样化的技能已成为管理咨询行业的主要竞争优势,并且这种技能在将来会更加重要(参见文献[4]或 2.3 节根据情景分析得出的预测)。这就是本书用整整两章(第 6 章和第 7 章)论述定量数据分析的原因。在当今的高技术环境中,一个没有这些技能的管理咨询师类似于一个没有电脑的图书管理员。没必要每个图书馆员都拥有一台电脑,只要一般了解电脑能做什么就够了,并不需要知道计算机工作的技术细节,但是在当今的数字时代,如果图书馆没有一个员工会用电脑,是无法运转的。

4. 信息技术将持续创新带到了聚光灯下

新的信息技术通过改变企业与供应商、客户和合作伙伴之间的联系方式,带来了创新的差异化竞争[99]。一些信息技术战略侧重于处理市场反馈,定期创新和测试新产品;一些侧重于利用互联网作为工具进行市场开发;一些侧重于重塑价值链以提高产品质量或降低成本。随着现存者和新参与者的创新和实践,信息技术战略的潜力每天都在增长。因此,应重视开发信息技术创新方法组合,承担合理风险,并建立信息技术学习过程。在寻求具有竞争力的信息战略时,创新是必需的。

5. 信息技术创造了新的管理咨询活动

以下列出咨询师为帮助客户制定信息技术战略而可能参与的一些最常见的任务类型(改编自文献[5]):

· 评估信息技术系统的质量,这转化为客户和员工满意度(因为员工是信息技术系统的终端用户)。满足未来不可预见的需要的灵活性是衡量 IT 质量的关键。

· 使用基准测试信息技术管理实践和过程。

· 开发新的信息技术系统(由内部激励发起或响应竞争对手)。

· 协助信息技术项目规划和管理。

· 重新进行数据库设计、工作量分配和过程优化。

· 通过培训计划在组织中建立信息技术文化。

· 根据最近的信息技术发展检讨某些业务战略。

· 比较软件系统和供应商。

· 评估外包与内包信息技术能力。

9.1.5　重整战略

重整任务要求在很短的时间内评估、选择和执行紧急措施。从咨询师的角度来看,一个典型的挑战是客户企业(包括受到股东不寻常压力的高管)中的恐慌和紧急状态[5]。咨询师介入的第一步是进行快速初步诊断,从其自身角度评估整体情况,并评估可能解决方案的效果。咨询师可能会发现,任何潜在的重整任务都将涉及高昂的成本。如果该局面难以处理,咨询师可能不得不放弃……当清算公司是最佳选择时,任何咨询服务都无法避免公司的最终命运。

据米兰·库伯[5]所述,业绩不佳的公司往往有一堆杂乱的业务,这可能是之前并购的后果,需要明确地把公司的重点转向核心竞争力。当涉及重整任务时,他建议咨询师:

·与债权人保持对话,优先处理不能推迟的付款,以避免疏远可能提起法律诉讼并过早终止业务的合作对象。

·利用快速见效方法(停止招聘、限制国外旅行、加强工作纪律),这将立即节省开支或阻止进一步恶化。这将有助于营造一种紧张氛围,让所有相关人员都意识到形势的严峻。

·邀请员工以各种可能的方式为重整做出贡献。

·识别问题的内部和外部原因,并寻找业务中有潜力扭转局面的方面。

重整计划可分为五个阶段:

(1)找出问题的原因:咨询师应综合分析大量内部因素(如管理问题、内部冲突、工会、缺乏竞争技术/工艺)和外部因素(如整个行业的萧条、供给价格、政府因素)。

(2)设定目标:咨询师应关注对现金流影响最大的因素。例如:增加销售额、提高产能利用率、增加利润预期、仅从利润中划分支出。

(3)明确战略和快速见效方法:实现转向目标的最快方法,通常是终止某些活动、降低成本、减少工资、缩小规模、更改流程、并购。

(4)实施改革并执行快速见效方法。

(5)监控计划以评估进度,并让客户做出调整。

9.1.6 裁员战略

裁员是一种特殊的重整。裁员减少了员工数量,另外它很可能会使组织退化。裁员对生产率、士气和忠诚度的负面影响是显而易见的。尽管它的经济和社会成本不高,但结果更具灾难性。其中包括关键人才和宝贵企业记忆的丧失、更高的员工流动率和缺勤率、因工作不安全而导致的积极性减弱和压力增加、客户的流失、创业、创新和风险承担精神的减退、公共关系和品牌声誉的受侵蚀、法律和行政成本的增加[5]。

裁员确实有可能重振一个组织，提高其竞争力，但往往只是作为一个引人注目的权宜之计。例如，解雇一个大公司的首席执行官会登上《华尔街日报》的头版，这就向投资者发出非常明显的信号。这种做法可能会受到市场的欢迎，并提供短期回报，但通常无法带来长期市场价值。为了保持长期经济效益和社会责任感，应将裁员作为更广泛变革努力的一部分加以计划和执行。它应该与业务愿景、使命和战略明确地保持一致，应该被整合到由长远战略推动的、经过充分沟通考虑的改革中，并遵循公司"道德和行为准则"中所述的企业社会责任。例如，全面质量管理文化可以持续地发挥作用，以优化员工安置需求（例如将"裁员"换个说法：组织规模的合理化[254]），或者可以设计一种新的商业模式，一开始就向未来员工传达"付出"与"回报"政策（例如网飞公司的大奖模式和优步的X 模式）。

在裁员之后，咨询师应制定补救措施。例如，促进组织变革和职责重新分配，更新内部技能，采取措施鼓舞士气，并制定营销计划提高公众声誉。

9.2 业务层战略

9.2.1 营销战略

本书关于 4P 和 5C 的小节（8.4.4 节）概述了执行营销战略的一些关键手段，重点是介绍这些手段的大致概念和适用情况。相反，本小节进一步阐述营销战略的发起和制定，并指出咨询师干预中的具体问题。这里的讨论涉及与8.4.4 节相同的手段，但更注重操作层面。但这并不代表前面的内容没有意义！这些内容在市场营销规划时仍然是很有用的。

1. 跨部门营销

众所周知，营销包括市场研究和促销活动，而不是通过相邻部门的活动（如新产品概念开发、零售和分销）来辐射。因为它可能会影响许多业务规则，所以高层管理人员在制定与营销计划相关的决策过程中往往会遇到困难。决策过程是一个关键的挑战，咨询师应在开始时进行诊断[5]。当帮助实施一个新的决策过程时，记住一个统一的全面质量管理准则是很有用的：质量是相对于客户交付价值而言的术语。

2. 市场反馈至关重要

彼得·德鲁克说过一句名言，客户很少买企业认为自己在卖的东西[46]。但随着当前 IT 能力的提高，咨询师有可能通过识别市场的当前问题和潜在需要开始自己的诊断[97]。因此,咨询师可以明确表达组织当前提供的解决方案,与其一同调整增长目标[76]。

3. 咨询师应该从哪里开始?

作为第一步,咨询师可以从客户和消费者的角度分析其客户的整个产品线。在分析过程中,咨询师可能会很快发现一些表现不佳的产品或服务,这些产品或服务的成本/销售比例比流水线上的其他产品更高,而且似乎交付的数量更多,因为比起市场需求,这些产品更适应组织的生产能力。在这一阶段,他们的目标是建议调整产品线,最终发现未知的市场或竞争对手。

4. 消费者的观点

以下4点指南可用于制定营销咨询项目:

1)洞察

客户的产品能比竞争对手更有效地解决哪些消费者的问题和情况? 客户产品中的哪些修改将带来更好的解决方案? 除了产品特性和价格,还有哪些其他维度可以反映消费者的潜在需求? 这些维度通常包括:简单、方便和可访问性[19]。在解决这些问题时,可以通过在分销商、关键影响者、最终消费者等多元化利益相关者的网络中找出潜在需求来增强创造力[255]。

2)市场开发

除了目前的消费者,还有谁提出了类似的问题或需求("未尽工作")? 业务能否拓展到不同环境的国际市场?

3)产品开发

客户的设施和技能是否可以用来提供一个新的有效且经济的解决方案?

4)盈亏平衡

新的解决方案能否以可接受的利润销售?

5. 咨询项目面临的挑战

下面是对咨询项目的一些特点和挑战的简要回顾,即帮助客户制定六个共同领域的营销战略:定价、销售管理、消费者关系管理、促销、分销和产品开发。

1)定价

在以消费者为中心的方法中,定价决策应该超越简单的成本标准,包括对市场需求的洞察。这有时被称为产品对消费者的经济价值或消费者价值主张[76]。咨询师可以帮助建立新的定价程序,或者用真实的(或模拟的)市场反馈来测试和评估价格变化的影响。市场反馈对于有效实施定价战略至关重要,因为它具有价格弹性的复杂性和潜在的有害性(如品牌损害)。

2)销售管理

咨询师可以通过为销售人员实施培训和激励计划来帮助改进销售。基于财务奖励的计划可能会增强销售人员或渠道合作伙伴的积极性，以优先考虑最有利可图的项目和业务、开发新消费者、吸引潜在消费者等。另一种选择是根据不同地理区域、客户或渠道的盈利能力重新分配销售网络。

IT 能力的应用很广，它可以通过向消费者提供信息和减少消费者的物流时间来提高销售人员的工作效率。IT 还可以扩大广告活动的范围，在消费者与销售人员接触前就引起他们的好奇心和兴趣。

3）消费者关系管理

新消费者的开发和忠诚度的建立可通过 IT 计算机应用来实现，它可以维护存储了消费者习惯、偏好和购买历史的数据库，帮助建立卖家和消费者之间的密切关系（网站、即时消息、详细资料、补充服务），并提高消费者的满意度。尽管涉及决策时，消费者关系管理仍然是一种传统的业务概念（即面向消费者的态度）[257]，但其本质上是一种 IT 活动[256]。

4）促销

促销活动包含许多工具和程序（参见第 8 章）。咨询师应始终保证促销活动与客户的愿景和目标保持一致。有很多学者建议基于预设目标而不是现有资源进行战略制定[46,76,226]。Milan Kubr[5] 指出，企业组织经常将其营销支出计入销售额，这会导致计划之间无法相互支持。他建议咨询师从设定目标开始、制定战略，如果现有资源无法满足制定战略的要求，则应降低目标，制定新战略，直到符合分配的资源。

咨询师在帮助客户制作广告时的潜在问题是，咨询师和客户的广告合作伙伴都对客户具有咨询作用，因此双方可能会发生分歧。

最后，值得一提的是 IT 对促销活动的影响，因为新技术提高了针对目标市场的产品曝光率（例如，在 CVS 定制优惠券）。

5）分销

实体分销流程已逐步电了化，因此，这些分销流程更为复杂，企业更侧重于选择经销商，而批发商更容易被忽视。因此，对分销咨询的需求下降了[5]。咨询公司对于渠道政策制定的干预减少，而侧重于分销方案的选择（例如，客户是否应该绕过批发商）以及建立信息技术管理系统。

6）产品开发

咨询师在产品开发中的作用通常是确保市场信息的可靠性和及时性。产品开发的关键驱动因素包括潜在市场规模、竞争产品、价格、对竞争对手反应的预测、客户的经验和分销商的业务能力。咨询师的目标是确保向所有相关职能部门（研发、生产、财务、销售和市场营销）提供可用的数据，并确保所有各方都同意最终做出的市场预测。咨询师可能需要重新设计用于收集市场信息的现有能力,或者从头开始的开发能力。

包装可能有许多目标,是产品开发的重要部分。它可以增强客户体验,用于其他用途(例如,Nutella 巧克力酱的玻璃容器),引起客户的注意,创造一个连贯的品牌形象(例如,一系列产品的一组配套容器),防止损坏或只是简单地满足零售商或运输商的尺寸要求。

9.2.2 小企业创新战略

为"小"型企业(如初创企业和子公司)提供咨询服务具有许多不同于大企业的特点[258]。首先,咨询师需要让领导者了解自身企业的问题和最佳实践,尽管这种类型的帮助对于大企业来说没那么重要,因为后者已经开发、测试和改进了一些核心能力。

对于小型组织来说,更经济简单的一站式咨询服务往往是比较合适的[5]。除了通常的咨询服务可交付成果外,小型组织通常还需要咨询师协助与营销、融资和规章制度相关的准备工作。可交付成果倾向于采用工具和自我诊断与规划检查表的形式,并结合个性化建议对这些工具进行补充。事实上,咨询师将其咨询活动局限于提供适当的行动和学习方案建议,并与客户一起讨论,并评估结果,而不会提供潜在市场和合作者发掘,战略制定等服务,但这种服务可能会大大提高客户满意度。这为客户提供了一个不那么先进,但更经济、更灵活的选择,因为通过一次互动就能解决更广泛的业务和管理问题。

创业阶段的企业总是面临与外包和内包活动相关的关键决策[226],因为它们无法为所有运营活动分配足够的时间和资源。例如,将记账和会计业务外包会更有效。

企业家需要得到值得信赖的咨询师的帮助,以避免购买一些不必要、不可靠或过于复杂的 IT 应用程序和设备[69]。在企业投入时间和精力开发在线业务之前,咨询师还应该帮助新业务确定明确的目标。在过去的 15 年中,各种规模的公司都争相开发自己的网站,因为拥有企业网站被认为是"必要的",但却没有能力创建和维护一个服务于明确业务目的并被客户认为真有帮助的网站[259]。

一些咨询公司通过股权或合作协议(例如咨询/指导角色)成为初创企业的赞助商。例如,创业孵化器为在同一屋檐下的几家新企业提供了空间和设施,这反过来促进了金融和非金融支持网络和渠道的发展[260]。是单独创业还是借助孵化器,这本身就是所有企业家都应该考虑的一个重要问题,咨询师可以帮助解答。

9.3　公司层战略

9.3.1　资源配置组合战略

本小节讨论财务决策的几个原则。

引言部分描述的公司投资组合战略提供了避免现金陷阱的方法，在某些业务增长放缓的情况下避免现金陷阱，实现竞争定位，从而产生净现金。背后的原理很简单：成熟的企业可以产生更多的现金来进行再投资，因此多余的现金适用用来支持年轻的成长型企业。增长潜力是一种在股票市场上的一种重要资产，这一点反映在大型企业集团的股价上，投资回报率相似的情况下，因为增长潜力的不同，股价便相差很大[261]。

有效的资源分配决策传统往往关注三个关键的绩效驱动因素：竞争优势、资本回报和增长[261]。基本原理同样简单：没有竞争优势，回报就会减少；没有足够的回报，增长会破坏价值；没有增长项目，战略也无法维持卓越的绩效。

为合理的投资组合目标分配资源的第一个指导原则是采用整体自上而下的决策方法[262]。资本分配不应在项目级别[261]进行，应根据总体业务目标设置优先级。也应避免采用一刀切的绩效指标（如市场份额、运营利润），或至少采用定制指标作为辅助。事实上，一个项目可能会带来明显的技术价值或即时的财务回报，但不会与其他并行的项目产生太大的协同效应，甚至无法将其分解。相反，一个看起来不那么有吸引力的项目可能会在总体业务指标的衡量下展现其优点[261]。

第二个指导方针是对不同的业务部门进行分类，使用基于事实的指标来说明低回报、高回报与回报不稳定的业务部门[261]。对于低回报的业务部门应进一步调查根本原因，并最终进行重组或剥离。相反，应将高回报和回报不稳定的部门作为增长战略的作用对象。可以带来高回报并处于生命周期的关键阶段的业务部门（BCG 矩阵术语中的"明星"）可以及时分配到大量资源，以维持和增加其目前日益增长的回报。对于潜力不太明显的业务部门，那些高回报但低增长的业务部门（"现金奶牛"）或高增长但低回报的业务部门（"问号"），存在许多市场参与者经常忽视或处理不当微妙的机会。例如，咨询师可能会研究邻近的工业部门，并挖掘潜在的颠覆性创新点，使客户的工作实现向简单、方便、易用和经济的转化[5,46]。在这样做的过程中，咨询师可能会明确"服务过度"或"尚未服务"的市场空间[19]。这些常被忽视的机会是导致项目成功或失败的重要因素。

用于实现增长的项目包括三个经典选项：并购、合作或创业。最佳投资组合的选择取决于客户的财务能力、控制欲和紧迫感。

9.3.2　外包战略

外包的一系列活动可能意味着战略和组织设计的根本性变化。咨询师可以明确外包的主要优点和缺点，并帮助启动合作关系。因此，下面将讨论这三个方面。

外包的主要优势包括获得新技能、节省管理时间、增强核心能力和降低资本强度（从固定成本转移到可变成本）。外包给大型供应商可以实现规模经济，利用合作伙伴的品牌声誉，并适应技术的快速创新变化。

外包的潜在障碍包括官僚主义水平的提高和内部创新能力的降低。这一点对于市场响应能力、灵活性和吸引或留住人才的能力尤为重要。

外包咨询任务可分为五个阶段（改编自文献[5]）：

（1）通过定义客户核心和非核心活动，分析外包某些活动的成本效益。

（2）分析不同类型的外包关系和合作伙伴，解读服务范围、业务流程、角色和职责、组织和人员配备、工作计划、可交付成果、计划、预算、控制级别。

（3）选择合作伙伴，拟定报告和绩效目标。

（4）为所有需要从客户组织转移到外包合作伙伴的活动制定过渡计划。

（5）监督计划并评估进度，以使客户能够做出调整。

9.3.3　并购战略

合并和收购比简单的合作或外包成本更高，并且需要更高的商业承诺水平，而这反过来又会带来更高的风险水平。但是，它能让企业快速扩张和重新定位，享有完全控制权，并在其市场上变得更灵活、更具竞争力。

但是，许多并购活动未能实现预期的结果[263]，因为价格太高，或者两个组织之间发生了文化冲突（在管理风格、价值观和优先事项方面）。文化冲突现象在大型企业集团与小企业的并购案例中尤为常见[264]。从中总结经验教训之后，咨询师应该从对方企业的角度与高层管理人员沟通交流，并提供自己的一些想法。

并购任务可分为五个阶段：

（1）根据客户的短期和长期目标、产品线和市场需求（能力差距），确定客户需要的能力。

（2）分析内部开发能力与从外部获取能力的成本效益。

（3）通过检查财务状况和战略配合（协同效应）评估不同的目标，包括市场营销、生产能力、员工能力、组织文化和管理风格。

（4）制定过渡计划，包括拟定报告和绩效目标。

（5）监督计划并评估进度，以使客户能够做出调整。

9.3.4　合作与共存战略

作为一种专业且有效的工具，网络技术是全球范围内公司生产力提高的有效工具[265]。网络帮助企业适应消费者不断变化和多样化的需求，并迅速优化供应、生产和分销系统。

在高科技行业（如微处理器、通信），同一市场中竞争对手之间共存的现象已屡见不鲜[266]。通过合作，可以获得竞争对手的新技术来提高生产力和竞争力，并且可以分担风险和责任。

信息经济学的革命使信息的概念的广度达到了前所未有的新水平。现在竞争对手之间共存的例子包括电子公司之间的合同制造、IT 公司之间的网络智能、初创企业、合作伙伴、咨询师和风险投资公司之间的创业孵化器网络，以及分布在不同地理位置和不同时区的合作伙伴之间的虚拟团队协作。

结　论

本书介绍了管理咨询行业的各主要方面,包括未来可能成为价值主张核心的要素。本书旨在对管理咨询和数据科学进行科学的介绍,并探讨信息技术在咨询活动中的新角色。希望本文中介绍的事实、模型、工具(即初级和更高级的工具)和建议能成为促进关于企业具体问题的解决方案和创造力的基础。

计算机技术提高了传统的咨询活动的效率,并使咨询活动从"基于判断"转变为"基于过程"。随着各行各业的信息技术与商业的紧密结合,管理咨询中计算数据分析的作用也将进一步增加。

由于大数据技术4~5年前才蓬勃发展起来,还未曾有人尝试过仅用一本书的篇幅介绍管理咨询的基本"定性"概念与数据科学的基本"数学"概念,并将两个概念相结合。本书的目标是对管理科学和相关数据科学概念进行完整描述,而不是盲目地应用数据分析工具。尽管数据科学和管理咨询之间的结合日渐紧密,但融合程度还有待提升,且目前还没有这方面的标准或最佳实践,感兴趣的读者可以自己进一步发展它。

读者下一步可以了解专业咨询师和数据科学家的任务。在管理咨询、数据科学或某个特定领域之间选择研究主题,如果读者通过这本书理解了复杂的数据技术和工具,下一步研究将进行得更加顺利。

读者可以利用本书中的参考文献进行文献回顾,每章分类的参考书目中都有上百篇参考文献。有关整个行业、IT颠覆变革、客户—咨询师关系、数据科学和战略的资料可以分别在第1、2、4、6、7、8和9章中找到。

如果读者想进一步了解IT颠覆变革,可以参考:克莱顿·克里斯坦森等人的《站在颠覆尖端咨询》(*Consulting on the Cusp of Disruption*)。这是一篇关于计算机分析技术如何最终改变管理咨询行业的文章。关于客户—咨询师关系问题可进一步参阅:Steven Appelbaum 的《客户—咨询师关系中的关键成功因素》,该文是一篇有远见的文章,它首先根据调查结果确定成功因素,然后利用机器学习的数据分析方法来选择最相关的因素。关于数据科学可进一步参阅:查尔斯·

惠兰的《统计详解》,它涵盖了数据科学的所有要点,使用了易于理解的实用的教学方法。最后,对于想进一步了解战略和传统管理咨询活动的读者,可以参阅:Milan Kubr 的《管理咨询》,该书介绍了不同类型的传统咨询方法。

另外,本书中提到的网站 econsultingdata. com 是管理咨询的一个资源平台,可从麻省理工咨询俱乐部的网站和其他一些合作伙伴网站访问。本书某些内容就摘自该网站(例如,第 1 章的行业快照、第 3 章的咨询工具箱),该网站也可以链接到书籍、文章、教程、报告等不同内容。读者可以利用本书中包含的大量参考文献列表进行文献回顾。

参考文献

1. Evans C, Holmes L (2013) Re-tayloring management: scientific management a century on. Gower Publishing, Farnham

2. McAfee A(2012) Big data: the management revolution. Harv Bus Rev 90(10):60 – 68

3. Kiechel IIIW(2010) The lords of strategy. Harvard Business School Press, Boston

4. Christensen CM, Wang D, van Bever D(2013) Consulting on the cusp of disruption. HarvBus Rev 91(10):106 – 150

5. Kubr M(2002) Management consulting-a guide to the profession. International LaborOrganization, Geneva

6. Graham M(2012) Big data and the end of theory? The Guardian, Mar 9

7. French WL, Bell CH(1998) Issues in consultant-client relationships. In: Organizationaldevelopment, 6th edn. Prentice Hall, Upper Saddle River

8. Canback S(1998) The logic of management consulting(part I). J Manag Consult 10(2):3 – 11

9. IBISWorld(2016) Global Management Consultants. IBISWorld Inc, Los Angeles

10. Edwards J(2016) Management consulting in the US. IBISWorld Inc, Los Angeles

11. Greiner L, Metzger R(1983) Consulting to management. Prentice-Hall, Englewood Cliffs

12. Edwards J(2014) IT consulting in the US. IBISWorld Inc, Los Angeles

13. Manyika et al(2011) Big data: the next frontier for innovation, competition, and productivity. McKinsey Global Institute, New York

14. Drucker PF (2006) Classic Drucker-the man who invented management. Harvard BusinessSchool Press, Boston

15. Stern CW, Deimler MS(2006) The Boston Consulting Group on Strategy. Wiley, New York

16. McCarthy JE(1964) Basic marketing-a managerial approach. Irwin, Homewood

17. Porter ME (1985) Competitive advantage: creating and sustaining superior performance. Simon and Schuster, New York

18. Christensen CM(1997) The innovator's dilemma: when new technologies cause great firmsto fail. Harvard Business School Press, Boston

19. Anthony S, Johnson M, Sinfield J, Altman E (2008) The innovator's guide to growth. HarvardBusiness School Press, Boston

20. Turk S(2014) Global pharmaceuticals and medicine manufacturing. IBISWorld Inc, Los Angeles

21. Turk S(2015) Brand name pharmaceutical manufacturing in the US. IBISWorld Inc, Los An-

geles

22. Saftlas H(2013)Healthcare:pharmaceuticals. S&P Capital IQ,New York

23. Lubkeman M et al(2014)The 2013 Biopharma value creators report. The Boston Consulting Group

24. Phillips J(2015)Hospitals in the US. IBISWorld Inc,Los Angeles

25. Phillips J(2015)Specialty Hospitals in the US. IBISWorld Inc,Los Angeles

26. Silver S(2013)Healthcare:facilities. S&P Capital IQ,New York

27. Haider Z(2015)Commercial banking in the US. IBISWorld Inc,Los Angeles

28. Hoopes S(2015)Global commercial banks. IBISWorld Inc,Los Angeles

29. Goddard L(2015)Private banking services in the US. IBISWorld Inc,Los Angeles

30. Hoopes S (2015) Investment banking and securities dealing in the US. IBISWorld Inc, Los Angeles

31. Hoopes S(2014)Global investment banking and brokerage. IBISWorld Inc,Los Angeles

32. Hoopes S(2014)Global insurance brokers and agencies. IBISWorld Inc,Los Angeles

33. Alvarez A(2014)Magazine and periodical publishing in the US. IBISWorld Inc,Los Angeles

34. Ulama D(2014)Global Newspaper Publishing. IBISWorld Inc,Los Angeles

35. Ulama D(2015)Global computer hardware manufacturing. IBISWorld Inc,Los Angeles

36. Kahn S(2015)Software publishing in the US. IBISWorld Inc,Los Angeles

37. Kahn S(2015)Telecommunication networking equipment manufacturing in theUS. IBISWorld Inc,Los Angeles

38. The Economist(2015)Planet of the phones,vol 414. The Economist,London

39. Brennan J et al(2013)Tough choices for consumer-good companies. McKinsey GlobalInstitute,New York

40. Manyika J (2012) Manufacturing the future:the next era of global growth and innovation. McKinsey Global Institute,New York

41. Crompton J(2015)Global oil and gas exploration and production. IBISWorld Inc,Los Angeles

42. Ulama D(2014)Electric power transmission in the US. IBISWorld Inc,Los Angeles

43. McKenna F(2015)Global airlines. IBISWorld Inc,Los Angeles

44. Soshkin M(2014)Global cargo airlines. IBISWorld Inc,Los Angeles

45. Figures provided by McKinsey representatives at all on-campus information sessions thattook place during bi-annual recruiting campaigns over the(2013–2015)academic period atHarvard University and MIT

46. Anthony SD(2012)The little black book of innovation. Harvard Business School Press,Boston

47. Drucker P(1985)Innovation and entrepreneurship. HarperCollins,New York

48. Jespersen L(2009)Client-Consultant Relationships-an analysis of the client role from theclient's perspective,MS Thesis,Copenhagen Business School,Copenhagen

49. Deltek(2009)Success factors for consulting firms. Deltek Inc,Herndon

50. AMCF-Association of management consulting firms. www. amcf. org

51. The trend toward accompanying the client in the implementation phase(at least in "initiating" the implementation) is recognized by management consulting firms of diverse sizesacross all market places. It was for example emphasized at each Big Three(McKinsey,BCGand Bain) seminar given at Harvard University and MIT in 2013 – 2015

52. Davenport TH(2013) Analytics 3. 0. Harv Bus Rev 91(12) :64 – 72

53. Kiron D,Prentice PK,Ferguson RB(2014) Raising the bar with analytics. MIT Sloan ManagRev 55(2):29 – 33

54. White House Press Release(2012) Obama administration unveils big data initiative, Office of Science and Technology Policy,Washington. www. whitehouse. gov

55. Assuncao et al(2014) Big data computing and clouds:trends and future directions. J ParallelDistrib Comput 79:3 – 15

56. Herman M et al(2013) The field guide to data science. Booz Allen Hamilton,McLean

57. Diment D(2015) Data processing and hosting services in the US. IBISWorld Inc,Los Angeles

58. Kessler S(2015) Computers:commercial services. S&P Capital IQ,New York

59. Sarkar et al(2011) Translational bioinformatics:linking knowledge across biological andclinical realms. J Am Med Inform Assoc 18:354 – 357

60. Shah S(2012) Good data won't guarantee good decisions. Harv Bus Rev 90(4):23 – 25

61. Harford T(2014) Big data:are we making a big mistake? Financial Times,Mar 28

62. Ratner M(2011) Pfitzer reaches out to academia-again. Nat Biotechnol 29:3 – 4

63. Think Tank Report(2012) Strategic report for translational systems biology and bioinformatics in the European Union,INBIOMEDvision Inc

64. Lesko L(2012) Drug research and translational bioinformatics. Nature 91:960 – 962

65. Marx V(2013) The big challenges of big data. Nature 498:255 – 260

66. Power B(2015) Artificial intelligence is almost ready for business, Harvard Business ReviewsBlog,Mar 19

67. Proctor L,Kieliszewski C,Hochstein A,Spangler S(2011) Analytical pathway methodology:simplifying business intelligence consulting, In:SRII Global 2011 Annual Conference, IEEE, 495 – 500

68. Nichols W(2014) How big data brings marketing and finance together,Harvard BusinessReviews Blog,July 17

69. Fogarty D,Bell PC(2014) Should you outsource analytics? MIT Sloan Manag Rev55(2): 41 – 45

70. Ross JW,Beath CM,Quaadgras A(2013) You may not need big data after all. Harv Bus Rev91(12):90 – 98

71. Babej ME(2013) McKinsey & Company:building a legendary reputation through secrecy, Forbes,Oct 2

72. Schoemaker PJ(1995) Scenario planning：a tool for strategic thinking. Sloan Manag Rev36
(2)：25 − 50

73. Garvin DA, Levesque LC(2005) A note on scenario planning. Harv Bus Rev 306(3)：1 − 10

74. Porter ME(1996) What is strategy. Harv Bus Rev 74(6)：61 − 78

75. Christensen CM, Raynor ME(2003) The innovator′s solution. Harvard Business School-
Press, Boston

76. Johnson MW(2010) Seizing the white space：business model innovation for growth andre-
newal. Harvard Business School Press, Boston

77. Kim W, Mauborgne R(2004) Blue ocean strategy. Harv Bus Rev 82(10)：76 − 84

78. Hammer M(1990) Re-engineering work：don′t automate, obliterate. Harv Bus Rev68(4)：
104 − 112

79. Stewart T(1993) Re-engineering, the hot new managing tool, Forbes, Aug 23

80. Arnheiter ED, Maleyeff J(2005) The integration of lean management and six sig-
ma. TQMMag 17(1)：5 − 18

81. Davenport TH(2013) Process innovation：re-engineering work through information technolo-
gy. Harvard Business School Press, Boston

82. Davenport TH(1993) Need radical innovation and continuous improvement? Integrate
process re-engineering and total quality management. Plan Rev 21(3)：6 − 12

83. Morgan DL(1997) The focus group guidebook. Sage, London

84. Henderson B(1970) The product portfolio. BCG Perspectives, Boston

85. Kubr M(2002) Management consulting-a guide to the profession. International LabourOrga-
nization, Geneva

86. Rigby D(2013) Management tools-an executive′s guide. Bain & Company, Boston

87. Crouch S, Housden M(2012) Marketing research for managers. Routledge, New York

88. Shapiro EC, Eccles RG, Soske TL(1993) Consulting：has the solution become part of thep-
roblem? MIT Sloan Manag Rev 34(4)：89 − 95

89. Siegel E(2013) Predictive analytics：the power to predict who will click, buy, lie, or
die. Wiley, Hoboken

90. Cochran WG(2007) Sampling techniques. Wiley, New York

91. Wheelan C(2013) Naked statistics. Norton, New York

92. Murphy AH, Winkler RL(1984) Probability forecasting in meteorology. J Am Stat Assoc79
(387)：489 − 500

93. Stern P, Schoetti JM(2012) La boîte à outils du Consultant. Dunod, Paris

94. Heller K, Davis JD, Myers RA(1966) The effects of interviewer style in a standardized in-
terview. J Consult Psychol 30(6)：501 − 508

95. Groves RM(2004) Survey errors and survey costs. Wiley, Hoboken

96. Hey T(2010) The big idea：the next scientific revolution. Harv Bus Rev 88(11)：56 − 63

97. McAfee A, Brynjolfsson E (2012) Big data: the management revolution. Harv Bus Rev90 (10):61 – 68

98. Davenport TH, Patil DJ(2012) Data scientist: the sexiest job of the 21st century. Harv Bus-Rev 90(10):70 – 76

99. Kiron D, Prentice PK, Ferguson RB (2012) Innovating with analytics. MIT Sloan Manag Rev54(1):47 – 52

100. Silbiger S(2012) The ten day MBA. HarperCollins, New York

101. Quinn JB(1999) Strategic outsourcing: leveraging knowledge capabilities. MIT SloanManag Rev 40(4):9 – 21

102. Lovallo D, Viguerie P, Uhlaner R, Horn J(2007) Deals without delusions. Harv Bus Rev85 (12):92 – 99

103. Nikolova N, Devinney T (2012) The nature of client-consultant interaction: acritical review. In: Clark T, Kipping M(eds) The Oxford handbook of management consulting. OxfordUniversity Press, Oxford

104. Drucker PF(1979) Why management consultants? In: Melvin Z, Greenwood RG (eds) In theevolving science of management. Amacom, New York

105. Schein EH(1978) The role of the consultant: content expert or process facilitator? Pers GuidJ 56(6):339 – 343

106. Nees DB, Greiner LE (1986) Seeing behind the look-alike management consultants. OrganDyn 13(3):68 – 79

107. Tomenendal M (2007) The consultant-client Interface-a theoretical introduction to thehot spot of management consulting, Institute of Management Berlin, 31. Berlin School of Economics, Berlin

108. Schein EH(1999) Process consultation revisited: building the helping relationship. AddisonWesley, Reading

109. Tilles S(1961) Understanding the consultant role. Harv Bus Rev 39(6):87 – 99

110. Shafritz J, Ott J, Jang Y(2015) Classics of organization theory(chapter 5). Cengage Learning, Boston

111. Willems JC, Polderman JW(2013) Introduction to mathematical systems theory: a behavioral approach. Springer, New York, p 1. Introduces the exclusion principle

112. Schön D(1983) The reflective practitioner. How professionals think in action. Basic Books, New York

113. Mulligan J, Barber P(2001) The client-consultant relationship. In: Management consultancy: a handbook for best practice. Kogan, London

114. Cookson P(2009) What would Socrates say. Educ Leadersh 67:8 – 14

115. Chelliah J, Davis D (2011) What clients really want from management consultants: evidencefrom Australia. JIMS 6:22 – 30

116. Alvesson M(1993) Organizations as rhetoric:knowledge-intensive firms and the struggle with ambiguity. J Manag Stud 30(6):997 – 1015

117. Werr A,Styhre A(2002) Management consultants:friend or foe? Understanding the ambiguous client-consultant relationship,international studies of management. Organization32(4):43 – 66

118. Wright C,Kitay J(2002) But does it work? Perceptions of the impact of management consulting. Strateg Chang 11(5):271 – 278

119. Kieser A(2002) Managers as marionettes? Using fashion theories to explain the success of consultancies. In:Management consulting:emergence and dynamics of a knowledge industry. Oxford University Press,Oxford

120. Clark T (1995) Managing consultants:consultancy as the management of impressions. McGraw Hill,London

121. Pinault L(2000) Consulting demons:inside the unscrupulous world of global corporate consulting. HarperCollins,New York

122. Jackson B (2001) Management gurus and management fashions:a dramatistic inquiry. Routledge,New York

123. Kihn M(2005) House of lies:how management consultants steal your watch and then tell you the time. Warner,New York

124. McDonald D(2013) The firm:the story of mcKinsey and its secret influence on American business. Simon and Schuster,New York

125. Genzlinger N(2013) Tipsy corporate intrigues that fill billable hours:house of Lies,with DonCheadle and Kristen Bell,NewYork Times,Jan 11

126. Nikolova N,Devinney TM (2009) Influence and power dynamics in client-consultant teams. J Strateg Manag 2(1):31 – 55

127. Clark T,Salaman G(1998) Creating the right impression:towards a dramaturgy of management consultancy. Serv Ind J 18(1):18 – 38

128. Turner AN(1982) Consulting is more than giving advice. Harv Bus Rev 60(5):120 – 129

129. Appelbaum SH,Steed AJ(2005) The critical success factors in the client-consulting relationship. J Manag Dev 24:68 – 93

130. Tseganoff L(2011) Benefit and best practices of management consulting. IMC Jordan,Jordan

131. Schein EH(1997) The concept of client from a process consultation perspective. J Organ Chang Manag 10(3):202 – 216

132. Argryis C(1970) Intervention theory and method:a behavioral science view. Addison Wesley,Reading

133. Heller F(2002) What next? More critique of consultants,gurus and managers. In:Critical consulting:new perspectives on the management advice industry. Blackwell,Malden

134. Simon A,Kumar V(2001) Clients' views on strategic capabilities which lead to manage-

mentconsulting success. Manag Decis 39(5):362 – 372

135. Vogl A(1999)Consultants in their clients'eyes. Across Board 36(8):26 – 32

136. Fullerton J,West MA(1996)Consultant and client working together? J Manag Psychol11(6):40 – 49

137. Bergholz H(1999)Do more than fix my company:client's hidden expectations. J Manag-Consult 10(4):29 – 33

138. AMCF Code of Ethics (2015) Association of Management Consulting Firms, AMCF. www. amcf. org

139. IMC USA Code of Ethics (2012) Institute of management consultants USA, IMC USA. www. imcusa. org

140. McNamara C(2006)Maintaining professionalism. In:Field guide to consulting and organizational development,authenticity consulting. Authenticity Consulting LLC,Minneapolis

141. GlücklerJ,Armbrüster T(2003)Bridging uncertainty in management consulting:the mechanisms of trust and networked reputation. Organ Stud 24(2):269 – 297

142. Blacklock C(2015)15 consulting questions for successful client discovery. www. 9lenses. com

143. Redbus2us(2015) What questions are asked to consultants in typical Client interview fromManagers? What to respond? www. redbus2us. com

144. Rasiel EM,Friga PN(2002)The McKinsey mind. McGraw-Hill,New York

145. David T(2014) Your elevator pitch needs an elevator pitch, Harvard Business Reviews Blog,Dec 30

146. Baldoni J(2014)The Leader's guide to speaking with presence. American ManagementAssociation,New York

147. Quoting a McKinsey representative met at an on-campus information session that took placeduring the 2013 recruiting campaign at Harvard University

148. Cosentino MP(2011)Case in point. Burgee Press,Needham

149. Rochtus T(2012)Case interview success. CreateSpace,Charleston

150. Cheng V(2012)Case interview secrets. Innovation Press,Seattle

151. Thiel P, Masters B (2014) Zero to one:notes on startups, or how to build the future. CrownBusiness,New York

152. Ries E(2011)The lean startup:how today's entrepreneurs use continuous innovation to create radically successful businesses. Random House,New York

153. Ansoff HI(1957)Strategies for diversification. Harv Bus Rev 35(5):113 – 124

154. Kohavi R (1995) A study of cross-validation and bootstrap for accuracy estimation and modelselection. IJCAI 14(2):1137 – 1145

155. Lee Rodgers J,Nicewander WA (1988) Thirteen ways to look at the correlation coefficient. Am Stat 42(1):59 – 66

156. Cover TM,Thomas JA(2012)Elements of information theory. Wiley,New York

157. Kullback S(1959) Information theory and statistics. Wiley, New York

158. Gower JC(1985) Properties of Euclidean and non-Euclidean distance matrices. LinearAlgebra Appl 67:81 – 97

159. Legendre A (1805) Nouvelles méthodes pour la détermination des orbites des comètes. Didot, Paris

160. Ozer DJ(1985) Correlation and the coefficient of determination. Psychol Bull 97(2):307

161. Nagelkerke NJ(1991) A note on a general definition of the coefficient of determination. Biometrika 78(3):691 – 692

162. Aiken LS, West SG, Reno RR(1991) Multiple regression: testing and interpreting interactions. Sage, London

163. Gibbons MR (1982) Multivariate tests of financial models: a new approach. J Financ Econ10(1):3 – 27

164. Berger JO(2013) Statistical decision theory and Bayesian analysis. Springer, New York

165. Ng A (2008) Artificial intelligence and machine learning, online video lecture series. StanfordUniversity, Stanford. www. see. stanford. edu

166. Ott RL, Longnecker M (2001) An introduction to statistical methods and data analysis. Cengage Learning, Belmont

167. Tsitsiklis(2010) Probabilistic systems analysis and applied probability, online video lecture series. MIT, Cambridge. www. ocw. mit. edu/courses/electrical-engineering-and-computer-science/6-041-probabilistic-systems-analysis-and-applied-probability-fall-2010/video-lectures/

168. Nuzzo R (2014) Statistical errors. Nature 506(7487):150 – 152

169. Goodman SN (1999) Toward evidence-based medical statistics: the p-value fallacy. AnnIntern Med 130(12):995 – 1004

170. Lyapunov A (1901) Nouvelle forme du théorème sur la limite de probabilité. Mémoires del'Académie de St-Petersbourg 12

171. Baesens B(2014) Analytics in a big data world: the essential guide to data science and its-applications. Wiley, New York

172. Curuksu J(2012) Adaptive conformational sampling based on replicas. J Math Biol64:917 – 931

173. Pidd M(1998) Computer simulation in management science. Wiley, Chichester

174. Löytynoja A(2014) Machine learning with Matlab, Nordic Matlab expo 2014. MathWorks, Stockholm. www. mathworks. com/videos/machine-learning-with-matlab-92623. html

175. Becla J, Lim KT, Wang DL(2010) Report from the 3rd workshop on extremely large databases. Data Sci J 8:MR1-MR16

176. Treinen W (2014) Big data value strategic research and innovation agenda. EuropeanCommission Press, New York

177. Abdi H, Williams LJ (2010) Principal component analysis, Wiley interdisciplinary re-

views. Comput Stat 2(4):433 – 459

178. Dyke P(2001) An introduction to Laplace transforms and Fourier series. Springer, London

179. Pereyra M, Ward L(2012) Harmonic analysis: from Fourier to wavelets, AmericanMathematical Society. Institute for Advanced Study, Salt Lake City

180. Aggarwal CC, Reddy CK(2013) Data clustering: algorithms and applications. Taylor and Francis Group, Boca Raton

181. Box G, Jenkins G(1970) Time series analysis: forecasting and control. Holden-Day, San Francisco

182. Peter Ď, Silvia P(2012) ARIMA vs. ARIMAX-Which approach is better to analyze and forecast macroeconomic time series. In: Proceedings of 30th international conference mathematical methods in economics, pp 136 – 140

183. Chen R, Schulz R, Stephan S(2003) Multiplicative SARIMA models. In: Computer-aided introduction to econometrics. Springer, Berlin, pp 225 – 254

184. Kuznetsov V(2016) Theory and algorithms for forecasting non-stationary time series, Doctoral dissertation, New York University

185. Wilmott P(2007) Paul Wilmott introduces quantitative finance. Wiley, Chichester

186. Hull JC(2006) Options, futures, and other derivatives. Pearson, Upper Saddle River

187. Torben A, Chung H, Sørensen B(1999) Efficient method of moments estimation of a stochastic volatility model: a Monte Carlo study. J Econ 91:61 – 87

188. Rubinstein R, Marcus R(1985) Efficiency of multivariate control variates in Monte Carlo simulation. Oper Res 33:661 – 677

189. Hammersley J, Morton K(1956) A new Monte Carlo technique: antithetic variates. In: Mathematical proceedings of the Cambridge philosophical society, vol 52, pp 449 – 475

190. Sugita Y, Okamoto Y(1999) Replica-exchange molecular dynamics method for protein folding. Chem Phys Lett 314:141 – 151

191. Hill TL(1956) Statistical mechanics: principles and selected applications. McGraw Hill, New York

192. Brin M, Stuck G (2002) Introduction to dynamical systems. Cambridge University Press, Cambridge

193. Karplus M, McCammon JA(2002) Molecular dynamics simulations of biomolecules. Nature9 (9):646 – 652

194. Case D(1994) Normal mode analysis of protein dynamics. Curr Opin Struct Biol 4(2): 285 – 290

195. Alpaydin E(2014) Introduction to machine learning. MIT Press, Boston

196. Matlab R (2015a) documentation. www.mathworks.com/help/stats/supervised-learning-machine-learning-workflow-and-algorithms.html#bswluh9

197. Harrell F(2013) Regression modeling strategies: with applications to linear models, logisti-

cregression,and survival analysis. Springer,New York

198. Breiman L(2001)Random forests. Mach Learn 45(1):5 – 32

199. Owens J et al(2008)GPU computing. Proc IEEE 96:879 – 899

200. Simonyan K,Zisserman A(2014)Very deep convolutional networks for large-scale imagerecognition. arXiv 1409. 1556

201. Cho K,Van Merriënboer B,et al(2014)Learning phrase representations using RNN encoderdecoder for statistical machine translation. arXiv 1406. 1078

202. Mnih V, Kavukcuoglu K et al(2015)Human-level control through deep reinforcement learning. Nature 518(7540):529 – 533

203. Kumar A,Irsoy O et al(2016)Ask me anything:dynamic memory networks for natural language processing. In:international conference on machine learning,pp 1378 – 1387

204. LeCun Y,Bengio Y,Hinton G(2015)Deep learning. Nature 521(7553):436 – 444

205. Schmidhuber J(2015)Deep learning in neural networks:an overview. Neural Netw61:85 – 117

206. Brown C,Davis H(2006)Receiver operating characteristic curves and related decision measures:a tutorial. Chemom Intell Lab Syst 80:24 – 38

207. Gero J,Udo K(2007)Anontological model of emergent design in software engineering,ICED'07

208. Hundt M,Mollin S,Pfenninger S(2017)The changing English language:psycholinguisticperspectives. Cambridge University Press,Cambridge

209. Landauer T(2006)Latent semantic analysis. Wiley,New York

210. Bird S(2006)NLTK:the natural language toolkit. In:Proceedings of the COLING/ACL on-Interactive presentation sessions,pp 69 – 72,Association for Computational Linguistics

211. See for example IBM Watson Alchemy Language API. https://www. ibm. com/watson/developercloud/alchemy-language. html

212. Google's Software Beats Human Go Champion(2016)Wall Street Journal,Mar 9

213. Larousserie D,Tual M(2016)Première défaite d'unprofessionnel du go contre une intelligence artificielle,Le Monde,Jan 27

214. Parkinson's Progression Markers Initiative-PPMI,Michael J. Fox foundation. www. ppmiinfo. org

215. Vancil RF,Lorange P(1975)Strategic planning in diversified companies. Harv Bus Rev53(1):81 – 90

216. Porter ME(1998)Competitive strategy:techniques for analyzing industries and competitors. Free Press,New York. (original version published in 1980)

217. Wright TP(1936)Factors affecting the cost of airplanes,journal of aeronautical. Science3(4):122 – 128

218. Porter ME(2008)The five competitive forces that shape strategy. Harv Bus Rev 86(1):78 – 93

219. Evans P(1998) How deconstruction drives de-averaging. BCG Perspectives, Boston

220. Evans PB, Wurster TS(1997) Strategy and the new economics of information. Harv Bus Rev5:71 − 82

221. Stern CW(1998) The deconstruction of value chains. BCG Perspectives, Boston

222. Perold A(1984) Introduction to portfolio theory. Harv Bus Rev 9:185 − 266

223. The concept of Strategic Business Unit(SBU) derives from the concept of Profit Center-coined by Peter Drucker in the 1940s and was defined by a McKinsey team while consulting for General Electric in the 1970s. This resulted in the GE/McKinsey portfolio matrix andcame as a direct response to Bruce Henderson's publication of the growth-share matrix, nowreferred to as the BCG matrix

224. Rochtus T(2012) Case interview success, 3rd edn. CreateSpace, Charleston

225. Gilbert C, Eyring M, Foster R(2012) Two routes to resilience. Harv Bus Rev 90(12):66 − 73

226. Johnson M, Christensen C, Kagermann H(2008) Reinventing your business model. Harv BusRev 86(12):50 − 59

227. Kim WC, Mauborgne R(1997) Value innovation: the strategic logic of high growth. HarvBus Rev 75(1):103 − 112

228. Rao AR, Bergen ME, Davis S(2000) How to fight a price war. Harv Bus Rev 78(3):27 − 116

229. Picardo E(2015) Utilizing prisoner's dilemma in business and the economy Investopedia. www. investopedia. com

230. Capraro V(2013) A model of human cooperation in social dilemmas. PLoS One 8 (8):e72427

231. Rapoport A, Albert MC(1965) Prisoner's dilemma. University of Michigan Press, Ann Arbor

232. Winger R, Edelman D(1989) Segment-of-one marketing. BCG Perspectives, Boston

233. Bayer J, Taillard M(2013) A new framework for customer segmentation. Harv Bus RevDigit 6

234. Levitt T(1965) Exploitthe product life cycle. Harv Bus Rev 43(11):81 − 94

235. IBISWorld market research reports are accessible at www. ibisworld. com

236. Humphrey A(2005) SWOT analysis for management consulting, SRI International AlumniNewsletter, 1:7 − 8 [this article explainsthat SWOT originates from some research carriedout by A Humphrey at SRI for Fortunes 500 companies in 1960s-1970s-A Humphrey isrecognized as the creator of SWOT]

237. Panagiotou G(2003) Bringing SWOT into focus. Bus Strateg Rev 14(2):8 − 10

238. Hill T, Westbrook R(1997) SWOT analysis: it's time for a product recall. Long Range Plan30(1):46 − 52

239. Ries A, Trout J(1981) Positioning: the battle for your mind. McGraw-Hill, New York

240. Lamb CW, Hair JF, McDaniel C(2011) Essentials of marketing. South Western CengageLearning, Mason

241. Steenburgh T,Avery J(2010)Marketing analysis toolkit:situation analysis,Harv Bus Rev Case study 510 079

242. Tacit Intellect(2011)PESTLE analysis overview. www. tacitintellect. co. za

243. Tucker FG,Zivan SM,Camp RC(1987)How to measure yourself against the best. Harv BusRev 65(1):8 – 10

244. Craig C,Harris R(1973)Total productivity measurement at the firm level. Sloan Manag Rev14(3):13 – 29

245. Martínez-Lorente A,Dewhurst F,Dale B(1998)Total quality management:origins and evolution of the term. TQM Mag 10(5):378 – 386

246. Feintzeig R(2015)The trouble with grading employees,Wall Street Journal,Apr 22

247. Creech B(1994)The five pillars of TQM:how to make Total quality management work foryou. Penguin Books,New York

248. ISO Annual Report(2013)www. iso. org/iso/about/annual_reports. htm

249. Poksinska B,Dahlgaard J,Antoni M(2002)The state of ISO 9000 certification:a study ofSwedish organizations. TQM Mag 14(5):297 – 306

250. Hayes RH,Wheelwright SC,Clark KB(1988)Dynamic manufacturing:creating the learningorganization. The Free Press,New York

251. Marchand DA,Peppard J(2013)Why IT fumbles analytics. Harv Bus Rev 91(1):105 – 112

252. Taylor C(2013)A better way to tackle all that data,Harvard Business Reviews Blog, Aug 13

253. Cramm S(2010)Does outsourcing destroy IT innovation? Harvard Business Review Blog, July 28

254. Hitt MA,Keats BW,Harback HF,Nixon RD(1994)Rightsizing:building and maintainingstrategic leadership and long-term competitiveness. Organ Dyn 23(2):18 – 32

255. Christensen CM,Anthony SD,Berstell G,Nitterhouse D(2007)Finding the right job forour product. MIT Sloan Manag Rev 48(3):38 – 47

256. Crème de la CRM(2004)The Economist,June 17

257. Nguyen B,Mutum DS(2012)A review of customer relationship management:successes, advances,pitfalls and futures. Bus Process Manag J 18(3):400 – 419

258. Scott M, Bruce R (1987) Five stages of growth in small business. Long Range Plan20 (3):45 – 52

259. Winter SJ, Saunders C, Hart P (2003) Electronic window dressing: impression managementwith websites. Eur J Inf Syst 12(4):309 – 322

260. Bergek A, Norrman C (2008) Incubator best practice: a framework. Technovation 28 (1):20 – 28

261. Hansell G (2005) Advantage, returns, and growth-in that order. BCG Perspectives, Boston

262. Cooper RG, Edgett SJ, Kleinschmidt EJ (2001) Portfolio management for new prod-

ucts. Perseus Books Group, Cambridge

263. Kummer C, Steger U (2008) Why merger and acquisition (M&A) waves reoccur: the viciouscircle from pressure to failure, strategic. Manag Rev 2(1):44 − 63

264. Thomas RJ (2000) Irreconcilable differences. Accenture Outlook 2000:29 − 35

265. Castells M (2011) The rise of the network society: the information age. Wiley, Malden

266. Zhang H, Shu C, Jiang X, Malter AJ (2011) Innovation in strategic alliances: a knowledgebased view. In: Marketing theory and applications, 2011 AMA Winter Educators Conference, pp 132 − 133